AF411105

EL ARTE DE LA AUTOEDICIÓN

Roberto Augusto

EL ARTE DE LA AUTOEDICIÓN

Cómo escribir y vender un libro

EDITORIAL
Letra Minúscula

Primera edición: mayo de 2025
ISBN: 978-84-1090-277-0
Depósito legal: B 10555-2025
Copyright © 2025 Roberto Augusto
Editado por Editorial Letra Minúscula
www.letraminuscula.com
contacto@letraminuscula.com

Si deseas que Editorial Letra Minúscula te
ayude a publicar tu libro, visita nuestra web:
www.letraminuscula.com

O mándanos un *e-mail* a:
contacto@letraminuscula.com

Índice

PRIMERA PARTE:

RETOS Y HÁBITOS DEL ESCRITOR

7 hábitos diarios que todo escritor debería tener

Tener hábitos diarios como escritor es la solución de muchos problemas literarios. Ausencia de inspiración, falta de tiempo para escribir y cansancio crónico son solo algunas de las dificultades que se superan cuando tienes la costumbre de escribir.

¿Cuáles son los mejores hábitos que puede tener un autor? ¿Es suficiente escribir todos los días? ¿Cuál es la mejor rutina para ser un buen escritor? Continúa leyendo y descubrirás 7 hábitos diarios que debería tener todo escritor para potenciar la creatividad y el rendimiento.

Hábitos de un escritor de éxito

Hay autores que buscan alcanzar el éxito como su más ferviente deseo. Muchos de ellos quieren vivir de la escritura desde temprana edad y se lo ponen como meta. Sin embargo, te sorprendería saber que el porcentaje de escritores que en verdad actúan de manera metódica para lograr este objetivo es escaso.

Los factores de esta contradicción entre expectativas altas y escaso trabajo para lograrlas son diversos. El principal de ellos es la multitud inmensa de estímulos a los que el ser humano está sometido día y noche en la sociedad moderna. Si alguna vez perdiste dos horas viendo contenido en redes sociales, podrás comprender este punto.

Hábitos indispensables para autores

Culpar solo a las distracciones no resuelve el problema y oculta la cuestión de fondo: ninguna profesión se domina sin miles de horas de práctica. Así, muchos podrían envidiar la producción de los autores mejor posicionados de la historia, aunque pocos se detienen a pensar en los hábitos de escritura que los llevaron a ocupar esos lugares.

En líneas generales, para ser un buen escritor hay que empaparse de literatura, meterse de lleno en la práctica de la escritura tomando en serio cada aspecto. No podrás lograrlo si jamás has leído un libro genial o si nunca te has detenido, fascinado al escuchar una buena historia. Es cierto que podrías tener el don de la escritura y ser un auténtico prodigio, pero no llegarás lejos si no cuentas con los estímulos correctos.

Lo dicho en el párrafo anterior no significa que solo debas sentarte a esperar que alguien venga a revelarte los secretos del arte literario. No es una cuestión de azar, no se trata de toparse de manera fortuita con el camino correcto, sino de buscarlo en forma activa. Entonces, ¿qué puedes hacer para avanzar con determinación hacia el éxito literario? Comienza incorporando estos hábitos a tu rutina diaria.

#1. Crear una rutina de escritura

Hay autores que por nada del mundo se adaptarían a un plan de acción bien elaborado, una agenda con fechas, horarios y metas en el corto plazo. Esto podría resultar irrelevante para ti si eres un autor de brújula, un viejo conocedor de los caminos literarios al que una idea simple le basta para escribir un texto de calidad.

Sin embargo, si reconoces tus dificultades para concentrarte, para elaborar tus ideas o para crear los textos deseados, crear una rutina de escritura es el comienzo de la solución a tu problema. Ya sea diaria o semanal, puede serte útil incluso cuando no tienes problemas de inspiración, porque te ayuda a aprovechar mejor el tiempo.

#2. Leer todos los días

Este es un punto que despierta cierta controversia al hablar de hábitos entre los escritores. Algunos insisten en que no les gusta leer, sea porque consideran que han leído ya todo lo necesario o porque no quieren recibir influencias que «contaminen» su escritura. No obstante, evitar la lectura podría resultar contraproducente para cualquier autor porque lo limita a su propio universo literario y le impide pensar más allá de lo que ya conoce. Leer todos los días no significa sentarse cuatro horas a disfrutar una novela. Aunque podrías hacerlo, es probable que no dispongas de tanto tiempo.

Este hábito diario puede sostenerse de muchas formas: hay quienes leen artículos de opinión en periódicos o entradas de blogs, otros leen textos académicos y también existen autores que dedican una parte de su día a leer literatura. Sea cual sea el género y el soporte que elijas, realizarlo todos los días es una de las mejores maneras de afianzarte como escritor.

#3. Escribir todos los días

Este es el más importante de los 7 hábitos diarios que debería tener todo escritor: escribir. Parece obvio, pero existen autores que hablan más de lo que en verdad escriben, se concentran en la banalidad de una pose que no rinde fruto alguno, más allá de la apariencia.

¿Quieres ser escritor? ¡Pues escribe a diario! Una página, tres párrafos, un capítulo… Cuánto debe escribir un autor cada día es algo que depende de los casos particulares. Solo ten en cuenta que no podrás mejorar como escritor si no lo haces con frecuencia porque la práctica hace al maestro.

#4. Descanso diario

Acostúmbrate a tener un merecido descanso después de cada etapa creativa del trabajo como escritor. Puede ser un momento de relajación cotidiano, recostado en un sofá escuchando tu música favorita. Puedes salir a andar, visitar museos o disfrutar la naturaleza. Sea cual fuere tu elección, tómate en serio la necesidad de descansar de la escritura, pasar tiempo al aire libre y socializar de manera positiva.

#5. Investigar de forma constante

Incluso el mayor experto en el tema que tengas en mente dedica mucho tiempo a aprender. El conocimiento humano es más diverso y abundante que nunca y se actualiza cada día. No des nada por sabido, renueva y actualiza tus conocimientos con frecuencia. Consulta blogs especializados, libros sobre la temática que te interesa, artículos científicos y todo lo que creas pertinente.

#6. Dedicar tiempo a corregir

Después de escribir, hay que revisar lo escrito de manera sistemática. Es un error pensar que puedes redactar el texto y publicarlo sin más. Haz una primera revisión por tu cuenta y después envíalo a un corrector profesional. El punto de vista de los correctores de estilo es objetivo y está orientado a optimizar tu escritura sin cambiar en nada tu manera personal de usar el lenguaje.

#7. Formarse como escritor

Los hábitos diarios que debería tener todo escritor mencionados hasta aquí se pueden potenciar al máximo enfocándolos como aprendizajes. Escribir, investigar, leer y corregir son las claves de una carrera literaria exitosa. Para que el aprendizaje sea sistemático, toma cursos para escritores y lee libros que te eduquen para escribir mejor cada día. Nuestro canal de YouTube (Editorial Letra Minúscula) es una opción gratuita elegida por escritores que buscan formación especializada.

Hábitos literarios saludables

Un hábito literario saludable es el que, al final del día, deja un resultado provechoso para ti. Si escuchar audiolibros te da buenos resultados, hazlo con mayor frecuencia. Si te gustan los documentales, míralos de manera habitual. Lo mismo puede decirse de cualquier práctica que te ayude a escribir más o mejor. Si eres uno de esos autores que no se pueden concentrar en casa, pero sí en un parque o en la playa, considera salidas más frecuentes.

Rutinas para escribir mejor

En los últimos tiempos, lo rutinario ha cobrado una inmerecida mala fama. Los medios de prensa y, sobre todo, las redes sociales se enfocan en lo fácil, en lo inmediato, en lo que no cuesta esfuerzo y pasa rápido. Es hora de nadar un poco en contra de la corriente e imponerse autodisciplina. No se trata de pasarlo mal y someterse a arbitrariedades medievales, sino de ser conscientes del esfuerzo que requiere el trabajo serio como escritor. ¡Solo así podrás obtener los mejores resultados!

Cómo superar el perfeccionismo del escritor

Superar el perfeccionismo del escritor puede traerte numerosas ventajas en tu carrera literaria, como poner fin a la procrastinación, aumentar tu productividad como escritor o empezar a vender tus libros en todo el mundo.

¿Qué distingue a los autores demasiado perfeccionistas de aquellos con un nivel de exigencia adecuado? ¿Qué desventajas tienen los escritores que se obsesionan con que sus escritos no tengan ningún fallo? ¿Es cierto que eso podría perjudicarte? Continúa leyendo y conocerás por qué deberías controlar esta obsesión.

No es malo ser perfeccionista

Ser perfeccionista como escritor no es algo intrínsecamente malo. Sucede que el oficio literario es terreno fértil para ciertas manías y hábitos poco provechosos para los autores. Esto suele reflejarse en un deseo incontrolable por evitar hasta el más mínimo de los errores de escritura, tanto en cuestiones de fondo como en asuntos de forma. La única manera de superarlo es detenernos a pensar en lo que estamos haciendo y evaluar su verdadera conveniencia para nuestra carrera. ¿Qué significa esto? Pues que, si demoras la publicación de tu libro durante años y años solo porque crees que no tiene la mejor calidad del mundo, ese supuesto perfeccionismo será algo negativo.

Por lo tanto, si te consideras un escritor perfeccionista en exceso, es hora de que enfrentes la realidad y busques una manera de moderar tu actitud. Esto no quiere decir que a partir de ahora dejarás de revisar tus textos o escribirás todo rápido y sin pensar, ansioso por publicar el primer borrador de tu libro. Todos los extremos son malos.

Tienes que saber esto ya mismo: no tiene nada de malo ser un escritor perfeccionista. El problema viene cuando eso te ciega y te hace impenetrable a cualquier comentario o crítica constructiva. Ten en cuenta que se trata tan solo de un noble ideal, una tendencia saludable en cualquier trabajo, y la escritura no es una excepción. Sin embargo, escribir algo que sea considerado perfecto de manera absoluta está reservado solo para los grandes genios de la literatura e, incluso en esos casos, las críticas nunca tardan en llegar.

Entonces, como podrás ver, curar el perfeccionismo en los escritores requiere una buena dosis de realidad, un encuentro cara a cara con aquello que todos dicen, pero pocos aceptan: nadie es perfecto. Superarlo conlleva una inmensa ventaja para los autores capaces de hacerlo: se desenvuelven con seguridad en el mundo literario, ya que conocen sus limitaciones y las aceptan. Los escritores que se obsesionan con la perfección, en cambio, suelen quedarse siempre en un mismo lugar, dándole vueltas y vueltas a una sola obra que jamás terminan y nunca publican, se preocupan en exceso por el «qué dirán» y no tienen una vida literaria plena.

Escritores perfeccionistas

Cuando un editor le llama la atención a un autor sobre su perfeccionismo desmedido, es frecuente que ese autor invoque nombres de escritores geniales que siguieron ese camino y hoy son glorias de la literatura.

El caso de Gustave Flaubert es paradigmático: estaba en verdad obsesionado con lograr una prosa impecable y crear un estilo tan exquisito que fuera capaz de sostener cualquier historia, sin importar su verdadera sustancia. De más está decir que pocos pueden compararse con un autor tan genial como el francés, si es que una comparación de ese tipo es lícita.

Otro autor famoso por su perfeccionismo es Jorge Luis Borges, para quien un texto solo dejaba de corregirse cuando se enviaba a la imprenta. Su estilo lacónico se ajusta magníficamente con el deseo de hallar la palabra exacta y la sintaxis precisa para cada línea, dejando de lado todo lo superfluo.

Cómo se supera el perfeccionismo del escritor

Ahora veremos un abordaje realista que te permitirá abandonar el perfeccionismo excesivo y te abrirá nuevos horizontes en tu práctica literaria. ¿Te consideras un escritor que intenta ser impecable en extremo? ¿Te gustaría avanzar más rápido en tu escritura sin el peso insoportable de obligarte a ello? Sigue estos consejos:

#1. Priorizar la creatividad antes que la perfección

Esta es la clave principal para escribir un buen texto. Las personas esperan encontrar una buena novela, un buen manual, un libro cautivador... El proceso creativo siempre es un poco desordenado, la escritura no sigue un plan perfecto desde el principio. Enfócate en escribir algo que agregue valor a tu público. Si dudas de la calidad del contenido o quieres corregir el texto antes de publicarlo, puedes solicitar un informe de lectura y una corrección de estilo para resolver estos aspectos.

#2. Tener metas realistas como escritor

El exceso de perfeccionismo te aleja de la realidad porque pone la vara demasiado alta. Si nunca escribiste una novela de quinientas páginas, por ejemplo, no esperes hacerlo bien desde el primer día ni tenerla lista en un par de meses. Es una de las conductas más peligrosas de todas, ya que tarde o temprano te conduce a la inacción total.

#3. Evitar comparaciones exageradas

Muchos autores desean ser «perfectos» como los escritores que admiran. ¡Gran error! Si escribes filosofía, nunca serás Platón; si lo tuyo es la novela, olvídate de escribir como García Márquez; ¿eres poeta y quieres igualar a Lope de Vega? ¡No lo conseguirás! Conoce tu arte y date la oportunidad de crecer en tu propio estilo, sin necesidad de comparaciones desmesuradas.

#4. Ser indulgente con uno mismo

Equivocarse está bien, es lo normal en cualquier proceso creativo, incluida la escritura. No conviertas tus errores en frustraciones y derrotas. Aprovecha cada paso para madurar y crecer. ¿No tuviste un buen día escribiendo hoy? ¡Mañana será mucho mejor!

#5. Buscar opiniones objetivas

El peor error de un autor demasiado perfeccionista es prestar atención a los *haters* y a sus comentarios malintencionados. Tampoco es recomendable fiarse demasiado de lo que digan tus amigos y otros seres queridos sobre tu escritura. El informe de lectura profesional es una manera eficaz de obtener un diagnóstico realista sobre lo que escribiste, un comentario bien fundamentado con las indicaciones necesarias para mejorar tu texto.

#6. Pensar fuera de la caja

A veces le damos vueltas y vueltas a un mismo párrafo, a una misma idea, a un mismo personaje, y no podemos encontrar su mejor forma, siempre sentimos que falta algo. En estos casos lo adecuado es pensar fuera de la caja, cambiar el punto de vista por completo y enfocarnos desde una perspectiva diferente. De esta manera, nos libramos de problemas imposibles de corregir y le damos nueva frescura a nuestro texto.

#7. Dejar reposar el libro

Este es el paso definitivo para abandonar el perfeccionismo por completo. Los libros no se elaboran en un día ni en una semana. Es un proceso que lleva tiempo, las palabras decantan con lentitud en cada página hasta cristalizarse en un texto de calidad. Escribe durante varios días seguidos y deja pasar otros tantos sin mirar el texto. Al regresar notarás lo fácil que te resulta perfeccionar tu escritura con un ajuste aquí y otro allá.

¿Qué pasa si soy un escritor demasiado perfeccionista?

Pues no pasa nada, salvo que eso te impida avanzar. Buscar la perfección literaria es un ideal loable, aunque dejará de serlo si se convierte en una traba, en un impedimento para seguir adelante con tu carrera.

Si de verdad quieres ser escritor, debes ponerte a escribir y dejar de hablar de ello. Evitarlo por miedo a equivocarte no tiene sentido. Escribe todo lo que puedas sin exigirte de manera desmedida. Avanza, corrige, deja reposar. ¡Pero no dejes de escribir!

He fracasado como escritor

«He fracasado como escritor» es una frase habitual entre autores de todas las edades, de diversos países, dedicados a temáticas diferentes... ¿Qué se oculta detrás de este supuesto fracaso? ¿Qué significa en realidad? Sin dudas, las respuestas a estos interrogantes pueden ser diversas según cada caso, dependiendo de lo que tú consideres ser un escritor de éxito.

Algunos escritores se sienten fracasados sin haber publicado un solo libro en toda su vida; otros, después de publicar una, dos o más obras. ¿Existe algún criterio objetivo para definir cuándo pueden considerarse fracasados? ¿Por qué este asunto despierta miedo entre tantos de ellos?

Continúa leyendo y descubrirás una perspectiva realista sobre el fracaso y el éxito editorial. Y, si te sientes fracasado como autor, este artículo contiene las palabras de aliento que necesitas para continuar tu carrera literaria con optimismo.

Fracaso como escritor

La idea del fracaso parece estar asociada al mundo literario mucho más que a otros ámbitos. Así, entre los escritores, el éxito aparece como una responsabilidad indeclinable, un mandato obligatorio. Esto puede convertirse en un auténtico problema cuando se imponen metas demasiado exigentes y, en la mayoría de los casos, no pueden cumplirlas. Entonces la sensación de no haber estado a la altura parece inevitable.

Hay autores que se sienten así en secreto durante toda su carrera literaria. Un caso particular es el del síndrome del escritor impostor, por ejemplo. El miedo al fracaso es algo que los escritores no se atreven a confesar, aunque siempre está gravitando a su alrededor, como una amenazante espada de Damocles. Lo curioso es que estos mismos escritores, al ser interrogados sobre cuál es su temor concreto, no son capaces de responder de manera coherente, solo se pierden en un mar de prejuicios y lugares comunes que les impiden ver la realidad. Debes saber esto de inmediato: ser un escritor fracasado no significa vender pocos libros. Ya volveremos sobre ello.

El fracaso de escribir

En el imaginario popular, el trabajo de los escritores se romantiza y se malentiende todo el tiempo. Al parecer, pueden clasificarse conforme a una visión maniquea que los divide entre fracasados y exitosos. ¿Te preguntaste alguna vez qué porcentaje de ellos tiene sus libros exhibidos en las grandes librerías del mundo? Piensa un número muy bajo.

Esa es la respuesta. El espectro de posibilidades entre ser un escritor fracasado y ser un autor *best seller* es infinito. En otras palabras, entre ambos extremos hay una gran variedad de recorridos que se pueden emprender.

Ahora que sabemos qué no es ser un escritor fracasado, veamos qué sí es. El fracaso de alguien como escritor comienza cuando esa persona se rinde y deja de escribir solo porque ha recibido algunas críticas negativas o porque no pudo vender ejemplares de su libro. Es más una cuestión de actitud que un hecho objetivo. Hablar de *fracaso* es demasiado terminante, es una dura sentencia que parece irreversible. Pero, si tienes determinación y no te dejas doblegar por las dificultades que experimentamos todos los autores, ya tienes lo más importante para triunfar: actitud.

Lo dicho hasta aquí no significa que fracasar como escritor sea imposible. Tener una actitud de éxito no es lo mismo que ser exitoso. Por eso, si quieres ahuyentar el fantasma del fracaso como escritor, debes poner manos a la obra y trabajar en la calidad de tu escritura y en su difusión constante. Por ejemplo, Emily Dickinson y Virginia Woolf no fueron del todo apreciadas por sus contemporáneos, y, en términos de ventas, sus obras podrían considerarse decepcionantes. ¿Te das cuenta ahora de que el éxito literario no puede evaluarse solo a partir del éxito comercial?

Otro autor clásico que atravesó un auténtico calvario en su camino hacia el reconocimiento fue el estadounidense

Charles Bukowski, que solo durante sus últimos años de vida pudo recibir algunos frutos merecidos por su talento. La lista de escritores y otros artistas «fracasados» que alcanzaron el éxito de manera póstuma o hacia el final de su carrera es larguísima.

El escritor y el fracaso

El éxito y el fracaso emergen como auténticos fetiches de la sociedad moderna, polos opuestos separados por un mar de incertidumbre, sueños rotos y proyectos que no pudieron ser. Entre los escritores, estos extremos parecen magnificarse, como si los viéramos a través de una lupa que solo pone el foco en el mejor o en el peor destino, sin espacio para los matices. Esto ocurre, quizás, porque trabajan con la palabra, y la tentación de integrar la propia vida a un relato épico es grande. «Siento que he fracasado como escritor»: ¡vamos a cambiar esa mentalidad!

Estos consejos te ayudarán con ese temor. Y, si sientes que ya has fracasado, aquí encontrarás siete consejos para cambiar tu punto de vista.

#1. Perder miedo al fracaso

Este consejo es válido para casi cualquier circunstancia de la vida. Fracasar es lo más fácil, si no haces nada para evitarlo. Muchas cosas pueden salir mal en tu carrera como autor, y también como médico, piloto de carreras o empresario textil. Escribe y publica sin miedo. Emplea en tu beneficio las experiencias obtenidas, úsalas para mejorar. Si tu primer libro no se vendió bien, cambia de editorial, escribe un libro nuevo o refuerza tu marketing. ¡No bajes los brazos!

#2. Plantear objetivos de éxito como escritor

Hay escritores que dicen haber fracasado sin saber siquiera en qué fallaron. Si no tienes un plan de acción, si tus objetivos no son claros, no podrás tener éxito, aunque tampoco podrás fracasar. En ese caso permanecerás estancado en el mismo lugar. Planteando objetivos precisos, en cambio, tienes un camino claro hacia el éxito, sabes qué debes hacer para conseguirlo. Y, si no lo logras, puedes revisar tu actuación y ver dónde fallaste. Los objetivos podrían estar equivocados. En ese caso, no temas replantearlos.

#3. No compararse con otros autores

Compararse con escritores consagrados es uno de los peores errores que cometen los autores independientes. Cada cual tiene su propia senda, con características e hitos particulares. Pensar que para triunfar debes copiar la trayectoria de tus colegas y que, si no lo consigues, estás fracasando, es una equivocación seria. Sigue tu propio camino, ve a tu ritmo y avanza como puedas.

#4. Ventas, marketing y éxito editorial

¿Te gustaría que tu libro se venda igual o más que las obras de Cervantes? ¡A qué escritor no le gustaría eso! Pero buscar algo semejante es poco realista. Para tener éxito como escritor, debes conocer bien el mensaje que quieres transmitir y difundirlo de manera masiva, con acciones de marketing que interesen a los lectores.

La difusión que mejor funciona para los autores independientes es el marketing de contenidos. Comparte vídeos, imágenes y textos que agreguen valor a tu audiencia. Utiliza esos canales de comunicación para promocionar tus libros.

#5. No abandonar la carrera (el verdadero fracaso)

Para fracasar de verdad, hay que dejar de actuar. Entonces decide que fracasaste y deja de escribir para siempre. ¡Qué drástico! ¿Por qué harías algo así? Ese es un fracaso autoinducido y tienes que evitarlo. ¡No te rindas, sigue escribiendo!

#6. No existen escritores fracasados

Toda carrera literaria puede despegar en cualquier momento. Considerarse un escritor fracasado es más una pose que una sentencia definitiva. ¿Acaso te dieron un certificado firmado por notario público? Enfócate en mejorar y el fracaso huirá de ti para siempre.

#7. El éxito es escribir y disfrutar el proceso

No abandones tu pasión. Escribes porque te gusta. Los sueños de éxito, de miles de ventas y de fama son cuestiones accesorias. Mejora como escritor día a día, realiza cursos, lee libros y fórmate para dar lo mejor de ti en cada párrafo.

Abandono la escritura

«Abandono la escritura, ya no quiero seguir escribiendo». ¿Dijiste esa frase alguna vez? ¿Estuviste a punto de pronunciarla, pero no te atreviste? ¡No estás solo! Muchísimos escritores de todo el mundo, dedicados a los géneros literarios más diversos, han pensado al menos una vez en hacerlo por diversas causas. Es un asunto mucho más común de lo que piensas. A veces las razones son poderosas y los autores sienten que no tienen más remedio que dejar de escribir para siempre.

Sin embargo, en la mayoría de los casos, el abandono de la escritura solo es una crisis pasajera que se puede superar con la mentalidad correcta. ¿Estás a punto de hacerlo porque te falta motivación? ¿Sientes que es la única vía posible? Continúa leyendo y descubrirás cómo mantenerte escribiendo de manera activa y hacer realidad tus sueños como autor. ¡No te desanimes!

Abandonar la escritura

Digamos esto ya mismo: abandonar la escritura es una medida drástica y no siempre acertada. Hay autores que deciden hacerlo ante el nacimiento de un hijo, el comienzo de un nuevo trabajo o un cambio de residencia problemático. Todas estas son razones de gran peso en la vida cotidiana, aunque, en la mayoría de los casos, solo son una dificultad entre muchas otras y pueden superarse. Escribir es un trabajo y, si te enfocas, puedes continuar con él como lo harías con cualquier otro.

Dejar de escribir no solo significa abandonar la escritura, es decir, dejar de crear textos y publicar libros. También implica apartarse de los círculos literarios, interrumpir el contacto con editores y lectores y no retomarlo. Es natural que alguna vez hayas pensado en abandonar la profesión de escritor. Grandes autores de la literatura universal tomaron esa decisión en su tiempo, como vemos más adelante.

Dejar de escribir literatura

Dejar de escribir literatura es un caso especial en lo que refiere a abandonar la escritura. Los autores de libros de autoconocimiento, artículos periodísticos, tutoriales y otras obras de no ficción suelen tener una ventaja sobre aquellos que escriben literatura. ¿Sabes cuál podría ser? Exacto: esto último implica hacer arte y un compromiso emocional y espiritual profundo. En otras palabras, se pone mucho de uno mismo en la creación literaria.

En ciertos casos, crear literatura toca las fibras más profundas de nuestro corazón y puede afectar de manera intensa lo que sentimos y lo que pensamos. La escritura de obras literarias demanda una entrega personal que otros textos no exigen.

El compromiso espiritual no es algo secundario. Todo lo contrario: a lo largo de la historia, existieron muchos autores que se sintieron obligados a abandonar la escritura porque ya no podían continuar con ella, tal era el grado de presión psicológica que ejercía el arte sobre ellos. Estos son solo algunos ejemplos de autores que dejaron de escribir:

Escritores famosos que abandonaron la escritura

#1. Arthur Rimbaud

Con solo 20 años de edad, y después de haber revolucionado para siempre la poesía, Rimbaud dejó de escribir y se dedicó al comercio. Atormentado por las consecuencias de sus excesos, murió joven, con solo 37 años.

#2. Jerome David Salinger

El norteamericano, famoso por su narrativa, decidió abandonar para siempre la vida pública de escritor después del éxito conseguido con *El guardián entre el centeno*. Salinger siguió escribiendo de manera ocasional, pero jamás volvió a compartir sus escritos.

#3. Juan Rulfo

Después de publicar *Pedro Páramo* y *El llano en llamas*, Rulfo dejó de escribir obras narrativas. Sin embargo, continuó su trabajo artístico enfocándose en la producción audiovisual.

Los casos de estos autores son particulares y no puede atribuirse una causa única a su decisión de abandonar la escritura. No obstante, en la mayoría de ellos, cuando alguien dice «abandono la escritura», el motivo suele estar relacionado con la falta de motivación, es decir, de ese objetivo trascendental que nos lleva a crear nuestros textos.

Por ejemplo, si estás escribiendo tu biografía, la motivación para hacerlo es comunicar a los demás tu experiencia de vida, compartir tus vivencias más interesantes, servir de ejemplo para que las próximas generaciones sean capaces de evitar los errores que tú cometiste, etc.

La motivación para escribir es un asunto complejo y no todos los autores la conciben de la misma forma. Para abordar el abandono de la escritura de manera objetiva, te ofrecemos estos consejos:

#1. Separar calidad literaria y éxito comercial

Este es un aspecto clave que muchos autores pasan por alto. Están aquellos que dejan de escribir solo porque no consiguen difundir sus libros entre el gran público; sin embargo, venderlos de manera masiva no está al alcance de todos. Al contrario, eso es algo que solo una pequeña minoría consigue. Todos los libros tienen un lector ideal. Descubre el tuyo y enfócate en él, perfecciona tu mensaje para llegar al sector del público más interesado en tu temática y deja de lado el resto.

#2. Escribir por pasión o por reconocimiento

Esta es otra dicotomía central que te permitirá obtener motivación para escribir. Las mejores obras literarias nacen del corazón, de la pasión del autor. ¿Crees que Shakespeare escribió *Hamlet* solo para ganar aplausos o porque sintió que era una historia potente, una trama literaria bella y profunda sobre la condición humana?

#3. Superar miedos de los escritores

Los miedos de los escritores son diversos. Entre ellos, se encuentran el miedo a que nadie lea nuestros libros, al síndrome del escritor impostor, a que nos plagien o nos pirateen, etc. Racionaliza todas estas emociones, domina aquellas cuyo control está a tu alcance y acepta las que no puedes dominar. Y sigue escribiendo.

#4. Solicitar informe de lectura para no dejar de escribir

Esta es una solución genial para la mayoría de los autores decididos a abandonar la escritura. Muchos dicen que dejan de escribir porque sus obras no son buenas. De acuerdo, esa es una posibilidad, pero, antes de tomar una decisión apresurada, ¿por qué no buscas una opinión profesional objetiva sobre lo que escribiste?

Un informe de lectura es un diagnóstico preciso que abarca todos los aspectos importantes de una obra literaria (léxico, trama, personajes, lector ideal, etc.), destacando las virtudes del texto y señalando pasos para mejorarlo. Este es uno de nuestros servicios editoriales más solicitados.

#5. Superar la inseguridad del escritor

Este consejo puede entenderse como la suma de los anteriores. Un escritor seguro de sí mismo no se desanima si no se convierte en *best seller* de un día para otro, o si no obtiene reconocimiento de la crítica. Por el contrario, entiende que la pasión por escribir es lo primero y, además, sabe cuándo solicitar ayuda profesional para potenciar su obra.

Para algunos escritores, la creación de textos literarios genera un estrés difícil de controlar. Muchos de ellos pasan de la ansiedad a la angustia, ya sea que puedan escribir páginas y páginas sin parar o que se vean abrumados por la hoja en blanco y no logren redactar ni una línea. Cualquiera sea el caso, si escribir se ha convertido en un sufrimiento para ti, pero no quieres dejar de hacerlo, busca ayuda profesional con un psicólogo. No tomes tu estabilidad emocional a la ligera, ¡cuídala siempre!

¿Y si nadie lee mi libro?

«Y si nadie lee mi libro, ¿qué hago?». ¿Te hiciste esta pregunta alguna vez? Si respondes que sí, este artículo podría resultar un verdadero alivio para ti. La respuesta fácil y rápida para este interrogante puede comenzar a escribirse así: «Si nadie lee tu libro, debes hacer algo». Esta afirmación, que parece demasiado simplista, esconde el verdadero espíritu de los escritores que buscan el éxito. Ante la adversidad, ellos son capaces de muchas cosas, excepto de quedarse con los brazos cruzados esperando que la situación se revierta como por arte de magia.

Continúa leyendo y conocerás cómo enfocarte si nadie lee tu libro y qué acciones debes emprender para cambiar la situación y utilizarla a tu favor.

¿Qué hago si nadie lee mi libro?

Existen muchos factores que impiden a las personas leer tu libro. Son causas concretas que se pueden identificar y, en la inmensa mayoría de los casos, revertir. Si nadie lo lee, pregúntate por qué. Identificar las razones es el primer paso. Hazlo de manera simple, busca responder en pocas palabras y de manera realista. Por ejemplo:

«Creo que nadie lee mi libro porque es demasiado complejo». También podrías llegar a la conclusión de que nadie lo hace porque la portada no es atractiva, porque el público no lo conoce, porque la edición no tiene toda la calidad que debería tener...

El caso de las novelas es especial, ya que se trata de un compromiso de lectura más o menos extenso. En ellas, el sentido completo del texto se descubre solo al leer hasta el final. En tiempos de TikTok, es cada vez más difícil encontrar personas de verdad comprometidas con la lectura. Lo más fácil es caer ante la tentación de estímulos rápidos, superficiales e inmediatos.

¿Por qué no consigo lectores para mi libro?

La existencia de las redes sociales no es, por sí sola, la causa de la falta de lectores para tu novela. Los motivos profundos son un poco más complejos y tienen un fuerte componente pragmático.

Enfoquemos el tema de la manera más realista posible. En el mundo hay casi una decena de miles de millones de personas. ¿De verdad crees que nadie, ni una sola persona, querrá leer lo que escribiste? Incluso si consideras que es malo, sería mucha coincidencia que, entre tantos, no existiera al menos un grupo al que le guste lo que escribes. Esto deja en evidencia que cualquier libro tiene el potencial de obtener una audiencia.

La disminución de la cantidad de lectores en la sociedad moderna es un mito que no está sustentado por las cifras. ¡Hoy hay más que nunca! Si no me crees, te invito a que busques información sobre el porcentaje de lectores en España. Te sorprenderá ver que no para de aumentar.

Entonces volvamos a la cuestión que nos interesa: hay una masa de lectores inmensa, más grande que nunca, pero no leen tu libro. Identifiquemos la primera razón, la más evidente: falta de difusión. Nadie lee un libro si no sabe que existe.

¿Por qué tantas personas compran cantidades industriales de baratijas en tiendas de descuento, supuestos *gadgets* y electrodomésticos que fallan al primer uso y no sirven para nada? La respuesta es obvia: lo hacen porque saben de su existencia, porque existe un marketing bien planeado que pone a todo el mundo en conocimiento de esos productos.

Algo similar ocurre en el mercado editorial. Por eso no sorprende ver que, cada tanto, emergen obras antiguas de autores poco conocidos o libros que nadie lee de autores famosos y, en muchos casos, se crean auténticos fetiches a partir de ellos. A veces, estos supuestos hallazgos responden a estrategias comerciales bien diseñadas que involucran a editores, medios de comunicación y tiendas, actores del mercado editorial que se proponen crear una necesidad nueva en los lectores apelando a las emociones.

Antes de entrar de lleno en los consejos prácticos para que las personas comiencen a leer tu libro, resolvamos una confusión habitual al respecto: ser un buen escritor no es sinónimo de vender mucho, al menos no de manera lineal. Por ejemplo, un sobresaliente catedrático de universidad, referente indiscutido en su campo, con ideas sólidas, profundas y coherentes bien plasmadas en sus libros, estará siempre limitado al público que conoce el tema sobre el que escribe. ¿Te das cuenta de que escribir bien no alcanza para vender muchos libros?

¿Qué hacer si nadie lee mi libro?

Ahora vemos una serie de buenas prácticas que podrían llevarte del virtual anonimato como autor a conseguir una gran audiencia de lectores fieles. Debes hacer lo siguiente:

#1. Dar importancia a la calidad y a la publicidad

Todo libro que se vende bien tiene calidad y está bien promocionado. La calidad afecta cuestiones de fondo y de forma: si tu libro está lleno de fallos ortográficos, argumentales, tipográficos, etc., el común de la gente pasará de él. Si, además, no haces difusión alguna, ¿cómo esperas que los lectores se enteren de que tu obra existe?

#2. Reflexionar sobre el tema y el nicho del libro

Este asunto da lugar a un clásico malentendido entre los autores independientes. Una inmensa proporción de escritores quiere triunfar con una novela romántica, con una novela histórica o una de zombis, por poner algunos ejemplos. ¿Cuál es el problema? Pues que esos nichos están sobresaturados y es casi imposible destacar, posicionarse arriba.

Es cierto que escribir sobre temas poco populares, como la cría del renacuajo, por ejemplo, tampoco te garantizará un éxito descomunal. Pero sin duda te será más fácil consolidarte en un nicho así porque la competencia es poca.

#3. Dar visibilidad mediante el marketing

Una vez aclarado lo anterior, pasemos a lo más importante: ¡promociona tus libros! El marketing actual es multifacético: hay una multitud de opciones y plataformas. Sin embargo, lo que en verdad funciona es lo mismo de siempre: causa impacto, agrega valor y dirígete al público adecuado.

La opción básica es el marketing de contenidos, que te permite construir autoridad en tu nicho al tiempo en que anuncias tu negocio. Usa redes sociales, crea contenidos breves y directos que enseñen temas importantes para tu audiencia. También puedes emplear anuncios de pago en Instagram Ads o en Amazon Ads para obtener exposición de tu marca y ventas concretas.

#4. Ser persistente y paciente, no perder la motivación

Muchos autores publican su primera novela, la presentan y luego vuelven a casa a esperar un milagro. ¡Eso no termina bien! Tienes que ser constante para escribir, para difundir y para mantener la motivación. Esto no es nada fácil de hacer, aunque tener claro que debes ser proactivo te protege de eventuales frustraciones.

#5. Autoedición vs. editoriales tradicionales

El ejemplo anterior ilustra bien la política de las editoriales tradicionales con respecto a los escritores desconocidos: harán esfuerzos limitados por difundirte, salvo que vean un gran negocio en ti. Por eso todo suele acabar en la presentación del libro, justo cuando debería estar empezando. Autopublícate en Amazon KDP y toma el asunto en tus manos. ¡Tú controlas todo!

¿Qué pasa si nadie lee mis historias?

Como podrás apreciar, el hecho de que nadie lea tus historias indica que algo está pasando o, mejor dicho, no está pasando. Aléjate de opiniones simplistas que echan culpas al mercado, a los lectores, a las editoriales, a la crisis económica… Si no vendes libros, se debe a que no estás enfocándote como deberías.

¿Por qué escribir si nadie lee? Esta pregunta es la favorita de los pesimistas, lectores y colegas que, a veces, desean en secreto que los demás no tengan éxito. Como quedó dicho, hoy existen más lectores que nunca, pero también más escritores. Si de verdad estás decidido a triunfar como escritor, siempre encontrarás lectores dispuestos a comprar y leer tus libros. Solo debes saber buscarlos.

¿Qué emociones sientes al publicar un libro?

Las emociones al publicar un libro son bastante diversas. Hay autores que experimentan una sensación de euforia y alegría, no pueden contener la felicidad que despierta en ellos la publicación exitosa de su obra. Otros tienen ansiedad y un poco de frustración porque sienten que no están a la altura de las circunstancias, sobre todo en el proceso de marketing, es decir, en la difusión del libro. Existen muchas emociones al publicar un libro, y todas pueden racionalizarse para utilizarlas de manera positiva y avanzar en la carrera literaria. Continúa leyendo y conocerás cuáles son las principales al publicar un libro y cómo volverlas a tu favor.

La emoción de publicar tu libro

Publicar libros es algo emocionante por sí mismo. Cualquier autor que haya pasado por ese momento lo sabe, aunque algunos intenten negarlo. Implica dar a luz a un producto de nuestro pensamiento: una obra creada con esmero y dedicación durante muchas horas de soledad. Escribir libros requiere un esfuerzo considerable. Si a eso le sumamos la corrección de estilo, el maquetado y la publicación, es natural que al final del proceso terminemos bastante agotados.

Al cansancio que se deriva del proceso de creación literaria lo sigue, por lo general, una carga importante de estrés, causado por la publicación y la presentación de la obra. Esto ocurre, sobre todo, cuando publicamos con editoriales tradicionales, porque debemos lidiar con tiempos de impresión y entrega de ejemplares, compromisos establecidos por contrato para dar entrevistas o acudir a eventos, etc.

Publicar un libro no siempre es color de rosa

Después de este largo proceso, suele venir una etapa de inacción total, un período de incertidumbre que nos lleva a dejar de realizar actividades necesarias para que nuestro libro tenga éxito. Las primeras semanas y los primeros meses posteriores a la publicación de un libro constituyen un momento crucial para su futuro. Sin embargo, una inmensa porción de los autores independientes baja los brazos al sentirse abrumados por la incertidumbre.

Lo que uno desea al publicar libros es que las personas los lean. «Mientras más lectores tenga mi libro, mejor», ese es el pensamiento lógico de cualquiera que escriba, y es natural que así sea. Sin embargo, a muchos escritores les cuesta mantener el rumbo de la nave y se dejan caer ante la duda y la indecisión al ver que las ventas de su libro se estancan nada más comenzar.

El deseo de que muchas personas lean nuestros libros es un arma de doble filo: por un lado, refleja nuestra necesidad humana de conectar con los demás y comunicar un mensaje que nos acerque a otras personas, algo natural que nos genera placer. Por el otro lado, está el deseo de sentirnos especiales, de que las personas reconozcan cosas buenas en nosotros y estimulen nuestra autoestima. Cuando publicamos un libro y nadie lo lee, estos dos deseos fracasan y nos sentimos heridos en nuestro amor propio e incomprendidos por la sociedad.

¿Qué emociones despierta publicar un libro?

La doble frustración de no vender libros y no ser reconocidos puede convertirse en una constante, ¡salvo que hagamos algo al respecto de inmediato!

Como verás, publicar un libro despierta emociones contrarias, a veces positivas y a veces negativas. Este hecho es, en sí mismo, una absoluta certeza; en otras palabras, es imposible publicar un libro y no sentir emoción alguna. Tarde o temprano aparecerán, y debemos estar preparados para controlarlas de la mejor manera posible. Esa es la principal información que debemos saber para manejar la situación con éxito.

Aunque existen estudios sobre las emociones que los libros despiertan en los lectores, se habla poco sobre las que experimentan los autores al publicar. Ahora veremos las más comunes de estas últimas. Al final de cada ítem, te damos un brevísimo consejo para controlar cada una de ellas. ¡Vamos allá!

#1. Inseguridad

Esta es la emoción más común, sobre todo en los autores novatos que publican su primera obra. Es más: si no existiera, el mundo se llenaría de autores nuevos, personas que de repente vencieron su inseguridad y se animaron a publicar el libro soñado. El consejo para manejar esta emoción es el más simple de todos y, a la vez, el más difícil de poner en práctica. ¿Listo? Aquí va: publica tu libro ya mismo.

#2. Aceptación de la inseguridad

El consejo anterior es un poco drástico, aunque es el único que de verdad funciona. Racionaliza tu inseguridad, acepta que no estás seguro y actúa sin miedo a equivocarte. Recuerda que, si cometes errores, puedes corregir tu libro todas las veces que quieras y volver a publicarlo, siempre y cuando utilices Amazon KDP.

#3. Miedo al rechazo

Este miedo es natural y no hay nada que puedas hacer con él, salvo superarlo. Muchos autores se decepcionan de forma profunda cuando reciben un comentario negativo sobre su libro. En algunos casos, las críticas se toman de manera personal y lo que era una decepción profesional termina afectando otros aspectos de nuestra vida. El principio de la solución a esta emoción negativa es saber que no es posible conformar a todo el mundo. Hasta el mismísimo Cervantes tenía sus detractores, ¿qué podemos esperar los demás escritores de este mundo?

#4. Ansiedad por opiniones

En el otro extremo de las críticas negativas, está la falta total de crítica alguna. Existen escritores que revisan decenas de veces al día la página de venta de su libro esperando recibir el primer comentario. Las opiniones no llegan y la impaciencia aumenta, de manera que se retroalimenta el círculo vicioso. Puedes convertirlo en un ciclo virtuoso si dejas de preocuparte por ellas y buscas alternativas profesionales para obtener reseñas literarias en línea.

#5. Entusiasmo

Esta es la emoción más positiva de todas y no hay que hacer nada con ella, salvo que se descontrole. Recuerda que la publicación de un libro es un proceso que debe realizarse paso a paso, controlando cada etapa con tranquilidad. Si estás con demasiado entusiasmo, es probable que pases por alto muchos aspectos importantes o que tomes decisiones equivocadas. Un truco para evitar estas dificultades es pensar que el libro no fue escrito por ti, sino por otra persona. Eso te ayudará a recuperar la objetividad.

#6. Sentirse vulnerable

Esta emoción es un clásico entre autores principiantes, sobre todo en obras que tienen muchos elementos autobiográficos. «¿Qué dirá mi madre?» o «¿Qué dirán en mi trabajo?» son solo algunas de las preguntas que preocupan a los autores y los hacen sentir vulnerables. La solución a esta desagradable emoción es pensar que el libro no refleja tu yo real, es solo una versión literaria. Incluso si se trata de tu autobiografía.

#7. Alivio tras publicar

Esta es otra emoción agradable, aunque encierra el peligro de volverse en tu contra. Los autores independientes suelen detener su impulso inmediatamente después de publicar y se quedan esperando que el libro se difunda por sí solo mientras descansan del largo proceso. Hacer esto es una garantía de que obtendrás pocas ventas. ¡No te duermas en los laureles!

#8. Desilusión

Imaginemos un caso ideal en el que publicaste un libro de buena calidad, te ocupaste de difundirlo y, aun así, no conseguiste vender los ejemplares que deseabas. Tranquilo, esto también puede pasar y no es el fin del mundo. Siempre se puede mejorar. Comienza por rehacer la portada: ¿causa impacto o podría mejorarse?

#9. Esperanza

Nada hay para decir en contra de la esperanza. Incluso cuando todo está perdido, nos da optimismo y nos invita a seguir adelante sin bajar los brazos. Recuerda que, en el mito de Pandora, lo último que quedó en la caja fue la esperanza.

¿Por qué nos emociona tanto publicar un libro?

La publicación de libros despierta una inmensa variedad de emociones porque es un evento importante en la vida de cualquier persona. Los libros son objetos casi mágicos que pueden trascender los siglos y los milenios, contándonos historias asombrosas, brindándonos conocimientos maravillosos y dejando recuerdos imborrables en nuestras vidas. Al publicar uno, alzamos nuestra voz en el mundo fascinante del que forman parte nuestros autores favoritos.

¿Qué es un *ghostwriter* y cómo contratarlo?

Saber qué es un *ghostwriter* puede serte útil en tu carrera literaria, sobre todo si necesitas a alguien que te ayude a avanzar rápidamente. Muchos escritores atraviesan períodos de baja creatividad. Algunos están demasiado ocupados atendiendo otras responsabilidades y no disponen del tiempo necesario para escribir. También hay autores que desean aumentar su productividad con apoyo externo. Para todos ellos, el escritor fantasma brinda una ayuda invaluable. Continúa leyendo y conocerás más sobre el secreto mundo de los *ghostwriters*.

¿Qué es un *ghostwriter*?

Es un autor que escribe textos por encargo y los vende. No firma las obras que produce y está presente en todos los ámbitos culturales y comerciales donde se necesitan textos. Las grandes editoriales, por ejemplo, cuentan con estos profesionales dedicados a redactar reseñas, notas de prensa, sinopsis y otros textos importantes. Incluso las empresas multinacionales contratan *ghostwriters* que se encarguen de escribir textos clave para la comunicación institucional. Sin embargo, no es necesario tener una organización inmensa y mucho dinero para contratar a uno: en la actualidad, los escritores de este tipo están disponibles para ser contratados por casi cualquier persona.

Etimológicamente, *ghostwriter* significa «escritor fantasma», en inglés. El *Diccionario de Oxford* define el término como «A person who writes an article, book, etc., for another person, under whose name it is then published» (una persona que escribe un artículo, un libro, etc., para otra persona, bajo cuyo nombre es publicado después).

Con la emergencia de inteligencias artificiales como Bard y ChatGPT, algunas personas creen que los *ghostwriters* son cosa del pasado. Esta manera de pensar es poco acertada porque, en realidad, las herramientas tecnológicas mencionadas y otras similares no son capaces todavía de escribir textos originales de gran calidad.

Las celebridades suelen contratar a escritores fantasmas para escribir sus autobiografías. Esto es más común de lo que parece, ya que la escritura de libros es una labor delicada y no todas las personas tienen la capacidad o experiencia para realizarla.

¿Cuánto le pagan a un escritor fantasma?

Algunos autores tienen la ilusión de convertirse en escritores fantasmas porque creen que así conseguirán fama y dinero. El *ghostwriting* es un trabajo como tantos otros y los *ghostwriters* reciben un pago razonable por él. Lo que de ninguna manera vas a conseguir con ello es fama y reconocimiento. La razón es obvia: el escritor fantasma nunca firma los textos que vende.

Existe una nutrida polémica en torno a la tarea de estos profesionales, sobre todo en el aspecto legal de la cuestión. Debes saber esto ya mismo: contratar a uno es legal, puedes comprarle el texto que quieras y no hay nada fuera de la ley en ello. Para asegurar por completo la propiedad intelectual del texto que elaboró tu escritor fantasma, regístralo a tu nombre en la entidad encargada de los derechos de autor en tu país.

Como habrás notado, este tipo de escritura es más común de lo que parece, y los servicios de un *ghostwriter* están al alcance de cualquier persona que los necesite. Contratar a uno para que escriba tu libro y publicar esa obra en Amazon podría darte excelentes ganancias.

Los precios por palabra o por carácter escrito dependen del tipo de texto, sobre todo. Si se trata de una escritura simple, como textos de no ficción, tutoriales, transcripción de vídeos, etc., la tarifa no será tan alta. En cambio, si necesitas contratar a un escritor fantasma para que escriba una novela barroca basada en la interpretación de un capítulo de *Ulises* según un aria de Wagner (por poner un ejemplo exagerado), puedes esperar un precio acorde a la complejidad del trabajo. En todos los casos, desconfía de cualquier oferta que parezca demasiado buena para ser real. Si tu escritor fantasma hace un buen trabajo, te ahorras la corrección de estilo del texto, lo cual es una ventaja notable.

¿Por qué es necesario un *ghostwriter*?

Saber por qué necesitas a un *ghostwriter* depende de ti. Algunas personas necesitan sus servicios porque quieren empezar un negocio editorial y no saben cómo escribir su propio libro. Hay empresas que los contratan de manera regular, como parte habitual de su funcionamiento. Políticos y personalidades influyentes solicitan este tipo de servicios con frecuencia, hecho que fue llevado al cine por el director Roman Polanski. Algunos autores los contratan para optimizar su flujo de trabajo y ahorrar tiempo.

Si te preguntas cómo ser *ghostwriter*, lo primero de todo es aprender a escribir. No nos referimos a lo que se enseña en la escuela, sino a adquirir experiencia en la redacción de textos. Sin ella no puedes ser escritor fantasma. Comienza escribiendo para ti, por placer. Publica tus textos y aprende a recibir críticas constructivas. Después de eso estarás en condiciones de recibir tus primeros encargos.

Te sorprendería saber cuántos textos que has leído en tu vida fueron escritos por un *ghostwriter* profesional. Solo en los últimos años ha sido posible generar escritura de manera automática con un ordenador. Antes, todos y cada uno de los textos que leías en cualquier sitio habían sido escritos por una persona real, en muchos casos, por un escritor fantasma.

Un buen momento para contratar a uno de estos profesionales es cuando te quedas sin inspiración para escribir. Otra ocasión en la que puedes contar con sus servicios es cuando dispones de tiempo limitado para realizar un proyecto literario. También puedes contratarlo para que aumente la cantidad de texto de tu libro.

Estas son las principales ventajas de contratar a un escritor fantasma:

#1. Ahorrar tiempo

Este es el principal motivo por el que las personas buscan contratar a un escritor fantasma; él escribe mientras tú realizas otras tareas. Así, duplicas la productividad de tu tiempo.

#2. Resolver bloqueos del escritor

Muchos autores de diversos géneros se quedan en medio de un proceso creativo y no pueden avanzar, por más que lo intenten. A veces el bloqueo es tan fuerte que piensan en dejar la escritura. El escritor fantasma es un aliado genial en estos casos. Escriben textos en serie, uno tras otro; muchos de ellos son «máquinas de escribir», capaces de producir decenas de páginas en un día. Por eso, algunos autores los contratan para que los ayuden a continuar avanzando en su proyecto literario.

#3. Estandarizar la escritura

El escritor fantasma utiliza las normas estandarizadas de los géneros literarios. Esto quiere decir que sus textos están bien orientados al público objetivo que les corresponde, tienen el léxico adecuado y son fáciles de leer. Contar con su ayuda te garantiza una óptima calidad en los textos producidos.

¿Cómo conseguir un buen escritor fantasma?

No existe una única manera de obtener los servicios de un escritor fantasma. En muchos casos, se anuncian con grandes promesas que después no pueden cumplir. Por ejemplo, si alguien te dice que por 1000 € puede escribir para ti una novela que sea *best seller* mundial, ¡desconfía de esa persona! ¿Por qué te vendería tan barato un texto con tanto potencial de ganancias? Lo más probable es que no sea capaz de hacer lo que promete.

El coste del servicio de un escritor fantasma varía según el país y el texto que deba escribirse. Muchos cobran por palabra, otros por caracteres con o sin espacios. Para definir una tarifa adecuada, debes ponerte de acuerdo con él sobre las condiciones del trabajo: cantidad de texto, contenido y estructura, plazos y formas de entrega, etc.

El mejor escritor fantasma es aquel que sigue de manera más precisa las indicaciones del cliente. Esto quiere decir que, si necesitas contratar a uno, debes darle el material preprocesado, con el tema bien definido, el estilo narrativo que quieres y las palabras clave que debe usar. Mientras más claras sean tus indicaciones, mejor será el resultado del trabajo que le encargues. Pero ten cuidado: no dejes todo en sus manos hasta el último momento, controla el trabajo de manera periódica, desde el principio. Así evitarás llevarte sorpresas desagradables cuando ya sea demasiado tarde.

En los últimos meses, la autora sueca Camilla Läckberg fue acusada de haber empleado a un escritor fantasma para escribir algunos de sus libros. Si bien esta es una práctica legal y nadie puede impedirte realizarla, Läckberg tuvo que salir a desmentir de manera enfática los rumores.

¿Dónde conseguir un escritor fantasma?

Hay escritores fantasmas en todas partes del mundo. Los hay en universidades, en canales de televisión y en editoriales, por solo nombrar algunos casos. Puedes conseguirlos en estos sitios:

#1. En páginas web de *freelancers*

Esta es tu primera opción. Realiza una búsqueda en Google y explora los principales resultados. Observa la reputación de cada escritor en comentarios y valoraciones.

#2. En Fiverr

Fiverr es un mercado en línea israelí en el que *freelancers* de todo el mundo ofrecen sus servicios. Entre estas ofertas, puedes encontrar gran número de escritores fantasmas dispuestos a redactar el texto que necesites. En el perfil de cada uno de ellos, puedes ver la tarifa aproximada de sus servicios.

#3. Por referencias de personas conocidas

Esta es una opción excelente, siempre y cuando esté disponible. Antes de buscar «cómo contratar a un escritor fantasma» en Google, pregúntales a tus amigos, familiares y colegas si conocen a alguien que brinde el servicio que buscas. Esta consulta puede arrojar buenos resultados en ámbitos laborales relacionados de manera directa con la escritura, como editoriales, periódicos y universidades. La ventaja de este tipo de contratación es que cuentas con la referencia de una persona en la cual confías.

¿El escritor fantasma se queda con los derechos?

No, de ninguna manera. Él te vende un texto como se vende cualquier otro bien, lo compras para ti y para siempre. Sin embargo, para tener mayor seguridad, es conveniente contar con un acuerdo legal que dé valor jurídico al vínculo entre el escritor y el cliente, sentando algunas bases. Si te preguntas cómo contratar a un escritor fantasma, el mejor modo de hacerlo es mediante un contrato legal firmado por ambas partes, que indica que la autoría del texto es del cliente y no del escritor y, además, impone la confidencialidad de estos hechos.

¿Cómo contratar a un escritor fantasma profesional?

La única manera de asegurarte de que estás contratando a un escritor profesional es ponerlo a prueba. Pídele que escriba algo para ti, algo breve. Entonces tendrás oportunidad de evaluar su escritura.

Cómo elegir un escritor fantasma:

#1. Portafolio o currículum

Esta es la reputación visible de tu escritor fantasma. A veces es difícil obtener muestras de trabajo por los contratos de confidencialidad vigentes. No te dejes obnubilar por grandes portafolios, recuerda que en muchos casos están exagerados o mienten.

#2. Previsibilidad

El trabajo de tu escritor fantasma debe ser constante y previsible. No puedes contratar a uno que un día escriba párrafos de diez líneas y, al siguiente, oraciones sueltas.

#3. Adaptabilidad

El buen *ghostwriter* es capaz de adaptarse a tus solicitudes sin imponer su criterio. En definitiva, es más fácil escribir un texto con instrucciones que sin ellas.

El trabajo del escritor fantasma es especial y apasionante. Te permite aprender muchísimas cosas interesantes y te compromete a guardar un secreto.

¿Qué es una corrección de estilo y por qué es importante?

Conocer qué es una corrección de estilo es indispensable para publicar libros de calidad. Si te preguntas qué es, vas por buen camino: un escritor independiente debe conocer todas las herramientas editoriales que lo ayudarán a alcanzar el éxito. ¿En qué consiste una corrección de estilo? ¿Cómo puede ayudarte a perfeccionar tu libro? ¿Es verdad que todas las obras literarias necesitan una? ¿O puede publicarse un libro sin ella? Continúa leyendo y descubrirás qué es una corrección de estilo, cómo funciona el proceso y cómo obtener un servicio de calidad al mejor precio.

¿Qué es la corrección de estilo?

La corrección de estilo es un proceso que consiste en revisar un texto con el objetivo de pulir el lenguaje empleado. Abarca ortografía, gramática, léxico y otras dimensiones del discurso lingüístico. El corrector de estilo es un experto en lengua y literatura, capaz de encontrar y corregir todos los errores de escritura presentes en un texto. Una corrección de este tipo bien hecha va más allá de lo normativo: busca mejorar detalles estéticos y potenciar el mensaje de la obra haciendo cambios mínimos e indispensables.

La corrección de estilo de un libro, ya sea una novela, un libro de relatos o de poemas, o una obra de no ficción, implica un control exhaustivo del texto, un ajuste minucioso según las normas de la Real Academia Española. Sin embargo, no es suficiente con revisar tildes, comas, puntos, mayúsculas y otros aspectos que ofrecen cierta dificultad a los usuarios de la lengua española: requiere lectura profunda y comprensión cabal del mensaje contenido en el texto. Solo así es posible emprender las acciones necesarias para potenciar la obra al 100 %. La buena corrección de libros incluye comentarios del corrector con sugerencias para mejorar aspectos confusos o poco claros de la redacción.

No cometas el error de no corregir tu libro

La corrección de estilo mejora notablemente la calidad de los libros. Uno sin errores ortográficos, con un léxico preciso y un estilo fluido resulta bastante más atractivo para los lectores y se vende mejor. Muchos escritores independientes no corrigen sus libros antes de publicarlos o, si deciden hacerlo, lo hacen por su cuenta, sin respetar los mínimos estándares de calidad. Proceder de esta manera es lo mismo que trabajar en vano: de nada sirve dedicarle cientos de horas a la producción de un libro si el resultado final dejará mucho que desear.

Todos los textos que van a publicarse deben pasar por el filtro de un corrector profesional. La única forma de garantizar la calidad y la precisión de un mensaje escrito es hacerlo revisar por un experto en lengua. Ya sea una novela, un manual escolar, el protocolo de seguridad de una aerolínea o el texto que tengas en mente, ese escrito debe ser corregido.

¿Cuál es la diferencia entre corrección ortográfica y de estilo?

La corrección ortográfica es una parte importante de la corrección de estilo, aunque no es lo mismo. Implica controlar el empleo adecuado de *b* y *v*, *h*, diéresis, espacios y todos los demás signos gráficos de nuestra lengua. Por su lado, la corrección de estilo tiene como base la ortografía y la gramática, pero añade otros aspectos importantísimos de la buena escritura.

Diferencias entre corrección ortográfica y de estilo:

#1. Respetar el estilo del autor

Cada escritor se expresa de una manera personal, aunque cometa errores. La misión del corrector de estilo es respetar a rajatabla esa forma original de escribir que tiene el autor y ayudarlo a mejorar la eficacia del mensaje. Un recurso típico de este tipo de corrección es dividir oraciones demasiado largas en dos o más de menor extensión. Esto agiliza mucho la lectura sin implicar un cambio sustancial del texto porque puede hacerse con mínimos retoques gramaticales.

#2. Eliminar cacofonías

Otra diferencia clásica entre corrección de estilo y corrección ortográfica es la eliminación de cacofonías, repeticiones desagradables de sonidos. Un corrector de estilo experimentado es capaz de detectar casos de cacofonía al instante y replantear las frases de maneras más agradables para la lectura.

#3. Cambiar palabras repetidas

En ciertos textos, algunos conceptos se repiten con frecuencia mediante la misma palabra. En la mayoría de los casos, puede reemplazarse por otra de significado equivalente, es decir, por un sinónimo. Algunos de ellos son más adecuados que otros, y un buen corrector de estilo investiga las opciones convenientes para cada situación.

Cómo hacer una corrección de estilo

Para hacer una corrección de estilo satisfactoria, debes estudiar lengua y literatura durante mucho tiempo. Algunos autores consideran que la corrección de libros es simple, que cualquiera puede corregir una obra literaria con un poco de voluntad y un buen diccionario. Lo cierto es que solo un auténtico experto en corrección de textos, alguien con años de formación y experiencia, puede garantizarte un resultado consistente y preciso.

Al hablar de corrección de estilo literario, podríamos pensar que se trata de un cambio profundo, un cambio en el tipo de literatura que escribe el autor del texto. No obstante, se trata tan solo de una ayuda, una asistencia lingüística con criterio artístico. Por ejemplo, si escribes sonetos y fallas en la métrica, el corrector de estilo va a notarlo. Lo mismo vale para cualquier género literario: se trata de un experto en literatura, por lo que puede dejarte señalamientos pertinentes para mejorar y perfeccionar tu escritura. Ahora bien, si necesitas un comentario pormenorizado y completo de tu texto, un informe de lectura profesional es la respuesta.

¿Qué no es una corrección de estilo?

Ahora que tenemos el panorama un poco más claro en cuanto a qué es una corrección de estilo, veamos lo que no lo es.

#1. Cambiar la estructura del texto

Para un corrector de estilo profesional que sabe hacer su trabajo, cambiar el orden de los párrafos o los capítulos por decisión propia es algo impensable. ¿Qué significa esto? Pues que para él la estructura que le diste a tu texto es sagrada y jamás se atrevería a modificarla sin tu consentimiento.

#2. Cambiar el contenido de la obra

Este es el fallo más habitual de los correctores inexpertos. El que no sabe corregir cree que debe cambiar el texto por el solo afán de hacerlo, realizando agregados y supresiones a su gusto, siguiendo un supuesto criterio de corrección. ¡Ten cuidado con esos falsos expertos, que solo te harán perder tiempo y dinero! Nuestro servicio de corrección de estilo utiliza el control de cambios de Word, una función que te permite ver con lujo de detalles todas las modificaciones hechas en tu texto. Y, si quieres revertir alguna, puedes hacerlo de manera simple.

#3. Cambiar el sentido de las palabras

Esta es otra manera inapropiada de meterse con el contenido de un texto. Hay correctores improvisados que buscan introducir sus propias ideas en el texto que están corrigiendo. Esto puede parecerte un disparate, pero suele ocurrir en servicios demasiado baratos, brindados por personas sin escrúpulos.

Como habrás notado ya, la corrección de un texto no es, bajo ningún concepto, una reescritura. Cuando es realizada de manera profesional, la palabra del autor se respeta hasta las últimas consecuencias y solo en casos de extrema necesidad se realizan cambios.

Por qué contratar a un corrector de estilo

Un corrector de estilo experimentado y con reputación comprobable añade calidad a tu obra. Publicar un libro sin corregirlo es como vender un coche incompleto, con soldaduras toscas, tornillos flojos y piezas sueltas. En otras palabras, esta tarea implica un control de calidad textual realizado por un profesional en la detección de errores, una persona entrenada para mejorar libros de manera sistemática.

¿Qué hacer si alguien piratea mi libro?

«Piratearon mi libro: ¿qué hago?». Esta es una inquietud común entre los autores independientes en todo el mundo. Muchos de ellos tienen tanto miedo a la piratería que renuncian a publicar sus obras. ¡No permitas que el temor te paralice! Se trata de un problema serio, pero hay formas de abordarlo y minimizar sus posibles daños. ¿Qué pasos seguir si piratean tu libro? ¿Dónde puedes reportarlo? ¿Quién puede ayudarte? Continúa leyendo para descubrir las respuestas a estas preguntas y sacarle provecho a esta mala experiencia.

Piratería de libros

La piratería de libros en España ocasiona un lucro cesante superior a los 200 millones de euros cada año. Esto quiere decir que casi un 10 % de las ganancias producidas por el mercado editorial español se pierde por culpa de los libros piratas. Esta cifra puede parecer inmensa, y de hecho lo es, si tenemos en cuenta que la mayoría de las ganancias ilícitas se concentra en unos pocos títulos, los más populares del mercado. En efecto, los libros que más se venden son los más afectados por la piratería y, en la mayoría de los casos, los escritores independientes se mantienen a salvo de este problema.

Este delito consiste en hacer uso de propiedad intelectual literaria sin autorización. Si alguien copia tu libro sin tu permiso, está robándote. La piratería existe tanto en formato digital como en papel y crece día a día.

Aquí viene la peor noticia de esta sección, y es la siguiente: es prácticamente imposible evitar por completo la piratería de libros. No importa qué mecanismo de seguridad emplee tu editorial: siempre podrán copiarse sin permiso. ¿Esto quiere decir que debemos dejar que ocurra sin hacer nada? ¡Claro que no! Si han pirateado tu libro, actúa de inmediato.

Piratearon mi libro: ¿qué hago?

Ahora vemos una serie de medidas para reducir los efectos negativos de la piratería de libros y tratar de retirar del mercado las copias piratas.

#1. No entrar en pánico

Un día estabas navegando por internet y se te ocurrió buscar tu libro para revisar el posicionamiento alcanzado. Ibas descendiendo por los resultados y, de repente, encontraste un enlace para descargar gratis esa obra que con tanto esfuerzo produjiste. La primera reacción de la mayoría de los autores es indignarse y lanzar adjetivos injuriosos hacia los piratas. Esto es natural y no puedes culparte por ello, aunque debes cambiar tu actitud tan rápido como puedas y abordar el asunto de manera desapasionada. Razonar en un momento así no es fácil. Sin embargo, es lo más conveniente. Tranquilízate, no es el fin del mundo.

#2. Identificar si se trata de un caso real de piratería o una falsa alarma

Ahora que conseguiste calmarte, intenta confirmar si se trata de un caso real de piratería o es otra clase de estafa. Muchos sitios web recogen datos de libros de Amazon con un sistema automatizado y ofrecen supuestas copias gratis de esas obras. Esos sitios jamás tuvieron copia alguna disponible y solo buscan infectar los ordenadores para robar información. ¡No hagas clic en ningún enlace sospechoso! Busca un servicio en línea para corroborar la reputación de la página que ofrece tu libro. Podría tratarse de una fuente de virus conocida.

#3. Olvidarse de la piratería de libros

Entonces detectaste un sitio que pirateó tu libro, aunque en realidad era una falsa alarma. Felicidades, puedes dar el tema por concluido. Ahora bien, si la piratería iba en serio o si no puedes tolerar que tu libro se ofrezca de manera falsa, los siguientes pasos son imprescindibles.

#4. Reportar libro pirateado a Google

Google es bastante celoso de los contenidos que muestra porque no quiere verse envuelto en delitos al facilitar el acceso a productos ilegales. Por eso se toma en serio todos los reportes que los usuarios hacen sobre los resultados de las búsquedas. Inicia un reporte y pídeles a otras personas que hagan lo mismo para ayudarte.

#5. Escribir al sitio web que piratea tu libro

Busca información de contacto de la página que ofrece copias piratas de tu libro. Exige de manera amable pero firme que retiren el contenido y deja claro que puedes emprender acciones legales contra el responsable de la web. Si el propietario del sitio es una persona razonable y no quiere meterse en problemas, lo más probable es que acepte tu petición y te pida disculpas por lo sucedido.

#6. Contactar con el *hosting* de la web que pirateó tu libro

Esto implica dar un paso adicional. El *hosting* de una web es el lugar donde se almacena la información del sitio. Los proveedores suelen evitar involucrarse en actividades ilícitas, como la piratería, y generalmente están dispuestos a colaborar si actúan de buena fe.

#7. Contratar a un abogado

Esta medida no es indispensable, aunque te da mucha tranquilidad. Habla con un abogado experto en derecho de autor y propiedad intelectual y cuéntale tu caso. Si el daño económico es serio, considera la opción de iniciar un proceso judicial que llegue a las últimas consecuencias.

#8. Informar a Amazon que han pirateado tu libro

Visita el Centro de Ayuda de Amazon KDP e infórmales que alguien ha pirateado tu libro. Ten paciencia y brinda toda la información que creas necesaria. Este reporte no garantiza que el sitio pirata sea eliminado, pero crea un antecedente en los sistemas de Amazon y refuerza la cobertura legal del caso.

#9. Hacer un descargo en redes sociales

Esto puede ayudarte a generar mayor visibilidad y fomentar las ventas legítimas. Expresa descontento en tus redes de escritor, señala cuánto podría perjudicarte la piratería de tu libro e invita a tus seguidores a comprarlo de manera legal. Esta estrategia podría llegar a convertir el daño potencial en un incremento de las ventas.

Como verás, lo mejor es tomarse el asunto con calma. Las acciones que emprendas para solucionar este problema podrían dar resultado, aunque nada te asegura que no vayan a piratear tu libro de nuevo.

Desventajas cuando alguien piratea tu libro

#1. Puedes perder dinero

Este es, quizás, el problema más evidente cuando alguien piratea tu libro: las personas pueden conseguirlo gratis o, peor aún, pagarle a un tercero por él. En ambos escenarios puedes llegar a perder algún dinero. Sin embargo, si hiciste bien tu trabajo de marketing, el daño ocasionado por la piratería de libros debería ser mínimo, reducido a un grupo de personas inescrupulosas que no afectan tus ganancias de manera significativa.

#2. Podría afectar tu reputación

Los libros pirateados suelen tener mala calidad, tanto en papel como en PDF, y algunas personas podrían llevarse una impresión negativa de ti al ver uno de estos ejemplares defectuosos. Por eso siempre debes aclarar cuáles son las vías legítimas para adquirir tus libros.

#3. Es un problema del éxito literario

Dejamos este punto para el final porque es un tanto paradójico. Cuando un escritor vende cientos de miles de ejemplares, tarde o temprano aparece la piratería de su obra. Esto es algo que no se puede evitar, las falsificaciones se dan en todas las culturas y existen desde tiempos inmemoriales. Cuando un producto es de verdad bueno, la tentación de quedarse con un poco de las ganancias que produce es enorme. Entonces las opciones son dos: evitar la piratería a toda costa guardando tu libro bajo siete llaves o lanzarte de lleno hacia el éxito editorial, asumiendo los posibles riesgos. ¿Qué vas a elegir?

SEGUNDA PARTE:

EL ARTE DE LA AUTOEDICIÓN

La autoedición de libros es libertad

La autoedición de libros ofrece verdadera independencia para los autores. Es la oportunidad de publicar el libro que sueñas, sin intermediarios ni cambios arbitrarios en el contenido. El modelo de publicación clásico, en el que el autor envía su manuscrito a una editorial esperando ilusionado que lo acepten, tiene aspectos poco conocidos que suelen pasar desapercibidos.

¿Sabías que muchos autores independientes no llegan a firmar un contrato con una gran editorial tradicional? Así es, aunque esta no es una mala noticia. Todo lo contrario, es una oportunidad de oro para encargarte de la edición de tu libro por tu cuenta controlando todos los aspectos del proceso, desde la primera palabra de la obra hasta el precio de venta al público.

¿Te gustaría publicar rápido el libro que sueñas y venderlo en todo el mundo? ¿Quieres emprender un negocio editorial con la mínima inversión y un potencial de ganancias ilimitado? Continúa leyendo y descubrirás por qué la autoedición de libros es libertad.

La autoedición de libros

Autoedición, autopublicación, edición de autor… todos estos términos refieren a lo mismo, pero ¿qué es en realidad la autoedición de libros? Autoeditar es publicar un libro por cuenta propia, sin intervención de una editorial tradicional.

El esquema tradicional de edición de libros, que representó casi la totalidad del mercado hasta hace algunos años, funciona de una manera bastante rígida. El autor se encarga de escribir el libro y enviarlo a una editorial o un agente literario. Estos actores realizan una selección de manuscritos y eligen solo aquellos que de verdad les garantizan una ganancia importante. Así, las obras fuera del *mainstream*, sobre temas específicos o para un público selecto, quedaban excluidas del mercado y rara vez alcanzaban a ver la luz.

La principal ventaja de la autoedición de libros es que evita ese proceso de selección enfocado en el mercado masivo. Además, abre la puerta a escritores de todas las temáticas, promoviendo una diversidad de estilos literarios y perspectivas. Las editoriales tradicionales son empresas y es lógico que busquen obtener la mayor cantidad de ganancias posible. Por eso también es natural que dejen de lado a aquellos autores que, aunque son talentosos, no escriben para el público masivo. La autoedición de libros es libertad para los autores, que dejan de estar sometidos a las tendencias del mercado y pueden abrir su propio camino en el mundo editorial y llevar su mensaje a todos lados.

El sueño de publicar un libro en una gran editorial tradicional es solo eso: un sueño. No se trata de ser pesimistas, sino realistas. Las editoriales gigantes son un estrecho círculo de influencias y negocios multimillonarios. En el antiguo modelo editorial, los escritores famosos, autores de superventas, tienen un lugar de privilegio porque garantizan altos márgenes de ganancias. Solo ellos pueden negociar condiciones para la publicación. En tono humorístico, la película *American Fiction* es un ejemplo excelente de ello.

Si tienes la «suerte» de ser elegido por una editorial de renombre para publicar tu obra, prepárate para esto:

#1. Modifican aspectos de tu libro

Todo sello tiene su línea editorial, una serie de estándares que están por sobre todo lo que se publica en él. Tu libro no es la excepción. Reemplazo de palabras, supresión de párrafos o de capítulos y cambios de portada de último momento son frecuentes. Si no aceptas las condiciones, tu libro puede quedar inédito.

#2. Problemas para cobrar regalías

Para un gran sello editorial (y para muchos de los pequeños), las ganancias que genera tu libro son marginales. Esto significa que, al no ser una prioridad para ellos, los pagos pueden demorarse. ¡A veces te pagan con los ejemplares de tu propio libro!

#3. Contratos interminables y con letra pequeña

Publicar con una editorial tradicional significa firmar un contrato de exclusividad. Los derechos de explotación de tu libro no te pertenecerán durante varios años, tú solo cobrarás alrededor del 10 % de las ventas. Así, incluso si tiene un éxito inesperado, la mayoría de las ganancias serán para terceros y no podrás hacer nada al respecto, salvo gastar tiempo y dinero en un proceso judicial. Además, existe el riesgo de caer en malas prácticas editoriales si no se selecciona cuidadosamente al editor.

La autoedición de libros es libertad editorial porque representa la cara opuesta al panorama descrito hasta aquí. Por cada desventaja de las editoriales tradicionales, pueden mencionarse varios beneficios de la autoedición de libros. A continuación, enumeramos los cinco principales:

#1. Independencia absoluta

Al autopublicar, nadie puede decirte qué debes escribir. Tú eliges el tema, el estilo, el tono, los capítulos, el final de la obra... La independencia literaria es la base de todo libro original, que no repite lo mismo que ya fue dicho millones de veces.

#2. De empleado a empresario

Autopublicando, tomas las riendas de tu trabajo como autor y puedes diseñar un negocio en torno a tu habilidad para escribir. Tener talento literario es genial y merece una recompensa. Crece a tu ritmo trabajando sin jefes.

#3. Salir de la zona de confort

Autoeditarse implica un desafío constante, una responsabilidad que también conlleva emoción y satisfacción. Este desafío trae recompensa no solo a nivel económico, sino también emocional, porque te mantiene activo y receptivo, abierto a nuevas ideas y listo para escribir algo diferente.

#4. Control total de las ventas sin intermediarios

Esta es una de las ventajas más significativas de la autopublicación de libros. Al publicar en Amazon KDP, la plataforma líder a nivel mundial, obtienes informes de ventas y pagos en tiempo real y recibes los ingresos que genera tu libro de manera directa en tu cuenta bancaria o en un cheque.

#5. Distribución real en librerías importantes

Amazon KDP te permite distribuir tu libro en plataformas globales y llegar a lectores de todo el mundo. Esto es posible gracias al sistema de distribución ampliada que ofrece la plataforma.

La autoedición es libertad, pero eso no implica falta de organización o de estándares de calidad. Los libros autoeditados deben tener la misma calidad que los de editoriales tradicionales. Producir uno de cualidades óptimas, bien diseñado y bien escrito es un proceso que debe realizarse a conciencia, cuidando todos los pasos con la debida atención.

Principales servicios necesarios para autopublicar un libro

#1. Publicación en Amazon y otras plataformas

La publicación en sí misma es la última etapa del trabajo. Los libros de Amazon deben seguir estándares y características técnicas especiales. Si tu libro ya está listo para publicarse, podemos encargarnos de hacerlo por ti.

#2. Corrección de estilo

La corrección de estilo es el servicio básico que necesita todo escritor. Un libro con mala ortografía, problemas de puntuación y otros fallos no deja una buena impresión en los lectores. Pero, si está saneado en ortografía, gramática y demás aspectos estilísticos, tienes un gran punto a tu favor.

#3. Diseño de portada

Diseñar una portada atractiva e impactante es trabajo para un diseñador profesional. Déjala en nuestras manos, tenemos mucha experiencia en la creación de tapas de *e-books* y libros impresos.

#4. Maquetado

Maquetar un libro es darle el formato definitivo para que se publique. Los libros tradicionales en papel se publican a partir de un archivo PDF con características especiales. Los *e-books* pueden publicarse en formatos de Word, aunque también requieren edición especial. Podemos hacer esta parte del trabajo por ti.

#5. Tutoriales gratis para publicar tu libro

En el blog de Editorial Letra Minúscula y en todas nuestras redes sociales (YouTube, Instagram, Facebook, etc.), encontrarás tutoriales prácticos para autopublicarte con calidad profesional. Y, si necesitas ayuda o asesoramiento, ¡siempre puedes contar con nosotros!

La mejor editorial de autoedición

Una buena editorial de autoedición ofrece servicios de calidad a un precio justo; nunca te impondrá condiciones, como la contratación de servicios que no necesitas, y te dará toda la información y las herramientas indispensables para garantizar la mejor difusión y aceptación de tu obra. ¿Cómo puedo saber si es buena la editorial donde voy a publicar? ¿Qué significa autopublicar mediante una editorial? ¿Qué hace una editorial de autoedición? Continúa leyendo y descubrirás todas las ventajas de autopublicar tus libros utilizando servicios editoriales de máxima calidad.

¿Es mejor una editorial de autoedición?

Esta pregunta no tiene una sola respuesta. Sin embargo, si no eres un escritor reconocidísimo, un autor consagrado y famoso, en muchos casos, las editoriales de autoedición son la opción más conveniente. Lo mejor de ellas es el trato cercano contigo y las soluciones personalizadas que te ofrecen para todas tus necesidades como autor.

En el mercado de editoriales de autoedición, existen empresas destacadas por su profesionalismo y atención personalizada. Puedes encontrarlas en España, en México o en Estados Unidos, y resolverán la mayoría de tus solicitudes. Determinar cuál es la mejor de todas no es tan fácil como parece porque, como ocurre en todo, las opiniones suelen ser subjetivas.

Existe una forma confiable de conocer cuál es una buena editorial de autoedición: buscar reseñas y opiniones de los usuarios. En la actualidad, los consumidores son propensos a comentar de manera abierta cómo ha sido su experiencia en la contratación de un servicio o la compra de un producto. Así, cuando buscas el nombre de una editorial en Google o en Facebook, en cuestión de segundos consigues un interesante catálogo de opiniones sinceras y desinteresadas que describen la experiencia vivida por los usuarios.

Qué hace una buena editorial de autoedición

Una buena editorial de autoedición brinda ayuda profesional en cada etapa de la producción de una obra literaria. Por ejemplo, puede hacer el maquetado de tu libro y la portada. También puede realizar un informe de lectura para diagnosticar posibles fallos en tu obra y señalarte maneras de corregirlos y optimizar la experiencia de los lectores.

Algunos escritores podrían pensar que el término «editorial de autoedición» resulta contradictorio. En efecto, si el autor publica su libro por cuenta propia, ¿qué tiene que ver una editorial en todo eso? Sin duda, podrías hacerlo sin ayuda de ningún editor. Sin embargo, la editorial de autoedición pone a tu disposición toda su experiencia y conocimiento para que tu libro alcance la mejor versión posible.

Al publicar con una editorial de autoedición, la intervención del editor termina una vez realizados los servicios que contrató el autor. Esto quiere decir que el escritor conserva el 100 % de los derechos sobre su obra y se lleva todas las ganancias generadas por ella, sin necesidad de rendir cuentas a nadie.

Ventajas de autopublicar en Amazon KDP

Autopublicarse en Amazon KDP con la ayuda de Editorial Letra Minúscula tiene todos estos beneficios para ti:

#1. Cobrar regalías sin intermediarios

Una de las ventajas más destacadas de autopublicar en Amazon KDP es que las regalías llegan directamente al autor, sin intermediarios. Amazon KDP te paga en tu cuenta bancaria o mediante un cheque. Y, en casos como el de América Latina, existen opciones especiales y convenientes para recibir tus pagos.

#2. Contratar servicios editoriales por separado

Esta es otra característica importante de las editoriales de autopublicación que mejor te ayudan a publicar en

Amazon: no te ofrecen paquetes cerrados de servicios, sino tan solo aquellos que solicitas. ¡No pagues por algo que en verdad no necesitas!

#3. Cambiar contenido y precios

Al publicar en editoriales tradicionales, como las que conocemos de toda la vida, el contenido de tu libro es gestionado exclusivamente por los editores, lo que significa que no puedes realizar cambios importantes sin su aprobación. Este proceso puede resultar frustrante para muchos autores. Al publicar en Amazon KDP, te olvidas de eso porque puedes editar y volver a subir el interior y la portada de tu libro tantas veces como quieras, y también cambiar el precio a tu gusto cuando lo desees.

#4. Controlar cuenta en Amazon KDP

Tener control total de tu cuenta de Amazon KDP te permite usar varios seudónimos, publicar libros en diversos formatos y archivar aquellas obras que no quieres seguir vendiendo por el motivo que sea. También puedes modificar los datos de pago según tus necesidades.

#5. Publicar en *e-book* y en papel

Los libros de tapa blanda y los *e-books* son las «estrellas» de Amazon KDP, aunque también puedes ofrecer libros de tapa dura (llamada «pasta dura») y audiolibros. Las posibilidades de crecimiento como autor en Amazon KDP son de verdad ilimitadas gracias a la multitud de opciones disponibles y la gran cantidad de tiendas alrededor del mundo.

#6. Corregir un libro con calidad

Todos los libros deben pasar por la mirada atenta de un buen corrector de estilo. En ocasiones, algunas obras se publican con errores y, si se hace mediante una editorial tradicional, pueden permanecer ahí para siempre. Pero, al publicar en Amazon KDP, puedes corregir hasta la última tilde de tu manuscrito cuando sea necesario y volver a subir el documento para que el próximo lector compre un libro sin errores.

#7. Vender en Amazon, no en librerías

La diferencia entre vender un libro en Amazon o en librerías tradicionales radica en el alcance: mientras Amazon permite llegar a lectores de todo el mundo, las librerías suelen limitarse a mercados locales. Cuando publicas un libro en un sitio de internet, como Amazon, esa obra está disponible a nivel mundial, en tiendas de muchos países. Así, tus probabilidades de vender ejemplares se multiplican.

Escritores empoderados

Publicar en Amazon KDP es la manera más rentable de empoderarte como escritor. Toma tus propias decisiones editoriales y emprende las acciones que creas convenientes sin intermediarios y sin demoras. Conviértete en un autor empoderado y llega a millones de lectores en todo el mundo con el mejor sistema de autopublicación disponible.

Si tu presupuesto es demasiado ajustado y te resulta imposible pagar por servicios de autoedición profesionales, cuentas con infinidad de recursos gratuitos de calidad para diseñar y llevar a cabo tus proyectos editoriales. Visita las distintas secciones de nuestro blog y suscríbete a nuestro canal de YouTube, no te pierdas los últimos consejos para autores independientes.

Contratar la mejor editorial de autoedición

Contratar una editorial de autoedición o realizar el proceso por cuenta propia depende enteramente de las necesidades y objetivos del autor. Hay quienes publican por su cuenta y llevan adelante una buena carrera. Pero, si te decidiste a tener auténtico éxito, publicar tu libro necesita la atención especializada de una editorial con experiencia en autopublicación.

Libérate de contratos donde tú eres el que menos gana. Publicando en Amazon KDP, te llevas hasta el 70 % de las ganancias que generan tus libros. ¿No te parece lógico que el autor se lleve la mayoría del dinero que produce su obra? ¿Estás buscando la mejor editorial para publicar un libro? Necesitas una editorial de autoedición.

Estos tres puntos principales sintetizan la conveniencia de publicar en una editorial de este tipo:

#1. La mejor editorial de autoedición se adapta a ti

Una buena editorial de autoedición no te impone nada, solo te ofrece y te aconseja lo más conveniente para ti, con base en su experiencia y en las características particulares de tu libro.

#2. Autopublicar un libro de calidad

Muchos dicen que los libros autopublicados tienen mala calidad. Eso es falso: se encuentran por todas partes, incluso en librerías prestigiosas y con el sello de editoriales tradicionales bien impreso. Un libro autoeditado puede tener toda la calidad de uno editado de manera tradicional e incluso puede superarla.

#3. Autopublicación vs. publicación tradicional de libros

Autopublicando tu libro, no dependes de criterios de terceras personas. Tú tomas todas las decisiones y administras tu cuenta de Amazon según tus preferencias y tus necesidades.

Entendiendo Amazon KDP

Si quieres que tus libros sean un verdadero éxito de ventas, debes tener conocimientos profundos en autoedición. Para entender cómo funciona Amazon KDP, hay que meterse de lleno en la plataforma y experimentar por uno mismo las ventajas que ofrece. Continúa leyendo para descubrir cómo dar tus primeros pasos en Amazon KDP, cuáles son los principios fundamentales para triunfar autopublicándose y qué no deberías hacer por nada del mundo cuando uses esta plataforma.

Qué es Amazon KDP

Amazon KDP es el sistema de autoedición de libros que ofrece Amazon, la tienda en línea más grande del mundo. Las siglas KDP significan Kindle Direct Publishing, «publicación directa Kindle». Al leer esto, muchos autores creen que allí solo puedes publicar libros digitales, también llamados *e-books*, porque Kindle es un dispositivo fabricado por Amazon para leer ediciones de ese tipo. Pero lo cierto es que es mucho más que una plataforma para publicar libros digitales: también puedes publicar libros en papel en tapa blanda y tapa dura, impresos en blanco y negro o en color, con ilustraciones de alta calidad, en diversos tamaños y formatos. De hecho, para muchos autores, gran parte de las ganancias obtenidas en Amazon KDP proviene de los libros impresos.

La combinación entre libros digitales y libros físicos te ayuda a potenciar la exposición de tu obra y tu marca de autor al máximo nivel. Ofrecer obras literarias en diversos formatos combina la rapidez y el bajo coste de los libros digitales con el prestigio y el valor emocional del libro en papel. Así, publicar en Amazon KDP te permite llegar a un sector inmenso del mercado y multiplica tus oportunidades de obtener dinero vendiendo libros a nivel mundial.

Cómo configurar una cuenta de Amazon KDP

Abrir y configurar una cuenta de Amazon KDP es fácil, aunque requiere ciertas precauciones importantes. En primer lugar, es fundamental que la cuenta esté registrada a tu nombre real, como persona física. Esto quiere decir que no debes usar seudónimos, sino tu verdadero nombre, tal como aparece en la identificación emitida por tu país. Una vez que hayas registrado tu cuenta y comiences a publicar libros, puedes firmarlos con un seudónimo sin problema alguno y mantener tu identidad en secreto. La configuración de cuenta en Amazon KDP requiere poner datos personales y datos fiscales.

Cómo completar datos fiscales y bancarios en Amazon KDP

Los datos fiscales en Amazon KDP son necesarios para determinar las retenciones impositivas sobre tus ganancias. El principal dato de este tipo es tu país de residencia, porque influye en la retención impositiva que hará la plataforma sobre tus ganancias.

Si resides en Estados Unidos o España, por ejemplo, la retención de impuestos es del 0 %. En otros países, como la mayoría de los latinoamericanos, esa retención es del 10 %. Y, si tu país de residencia no tiene tratado fiscal con EE. UU., Amazon tomará el 30 % de tus regalías para pagar lo que exige el IRS (ente de control fiscal de EE. UU.).

Un dato fiscal importante es el TIN (Taxes International Number). Cada país tiene su propio código de identificación fiscal, que en muchos casos coincide con el documento de identidad.

En cuanto a los datos bancarios, países como los de la UE, Japón y Estados Unidos, entre otros, te permiten cobrar regalías de Amazon KDP en una cuenta de banco. Puedes usar la de una tercera persona sin ningún problema.

¿Se pueden tener varias cuentas de Amazon KDP?

Es importantísimo que sepas esto ya mismo: Amazon KDP no permite que un autor tenga más de una cuenta activa. Si por error o por algún otro motivo creas dos o más, corres riesgo de que todas ellas sean eliminadas y de que te expulsen para siempre de la plataforma. ¡No asumas riesgos innecesarios! Recuerda que puedes publicar libros con todos los seudónimos que quieras, por lo que no tiene sentido alguno hacer múltiples cuentas de Amazon KDP.

Cómo cobrar regalías de Amazon KDP fuera de EE. UU.

Para responder esta pregunta, hay que examinar caso por caso. En algunos territorios se pueden cobrar las regalías de Amazon a través de un cheque emitido cuando alcanzas los 100 USD de ganancias en una tienda en particular. En ciertos países, como los latinoamericanos, plataformas como Payoneer y Wise permiten transferir regalías de Amazon KDP a cuentas bancarias en países donde no están disponibles transferencias directas.

Terminaste de registrarte en la plataforma, ¡felicitaciones! Es tiempo de autopublicar tu libro. El proceso de publicación tiene tres simples pasos: datos del libro (título, autor, descripción, palabras clave, categorías...), contenido del libro (interior y portada) y precio.

Formatos de libros en Amazon

En Amazon KDP se pueden publicar diversos formatos, desde agendas y novelas hasta libros de texto y guías ilustradas. Si limitas tus publicaciones de Amazon KDP a obras en *e-book*, te estarás perdiendo la oportunidad de llegar a un sector inmenso del público.

Distribución global de libros en Amazon KDP

La verdadera revolución hecha posible por Amazon es la distribución de libros en todo el mundo. Antes, la inmensa mayoría de los autores solo los vendía en su país y era casi imposible llegar a públicos lejanos. Ahora, con Amazon KDP tu obra puede convertirse en *best seller* en países remotos sin ningún coste adicional para ti. Esto es posible no solo con el formato digital, sino también con libros en papel, porque Amazon KDP imprime ejemplares en América, Europa, Asia y Oceanía.

Control de regalías de libros de Amazon

Si las ventajas de Amazon KDP resumidas hasta ahora te parecen pocas, aquí tienes una destacada: al publicar en esta plataforma, puedes ver tus ingresos en tiempo real, con detalles específicos sobre formato, día y tienda. Las regalías de Amazon KDP se cobran mes a mes, sesenta días después de terminado el mes en el que se produjo la venta. Esto deja en el pasado años y años de prácticas editoriales que solo beneficiaban a los editores, quienes pagaban al autor... ¡con hasta un año de demora!

Ventajas de Amazon KDP vs. publicación tradicional

Entendiendo Amazon KDP de manera correcta, todos estos beneficios son para ti:

#1. El autor controla todo

Tomas todas y cada una de las decisiones sobre tu obra: qué publicar, cuándo hacerlo, cómo será la portada, qué letra usarás, cuánto vas a cobrar por cada libro, cuándo harás promociones de *e-books* gratis y muchos otros aspectos que antes decidía el editor.

#2. Vender libros con un clic

No es necesario distribuir físicamente libros en librerías, ya que Amazon KDP permite vender tus obras a nivel global. Con esta plataforma tu libro está disponible en casi cualquier rincón del planeta donde exista una conexión a internet, y es suficiente un clic para comprarlo.

#3. Anuncios de pago

El sistema Amazon Ads te permite anunciar libros en la página de Amazon, donde los usuarios son mucho más propensos a realizar compras (para eso entran las personas al sitio web de una tienda).

#4. Publicar sin imprenta

Al realizar los tres pasos de la publicación de tu libro, la etapa de producción ha terminado para ti, no debes ir a decenas de imprentas buscando el mejor precio de impresión. Amazon se encarga de eso a un coste competitivo y cada libro se imprime bajo demanda, cuando alguien lo compra.

#5. Reseñas de compradores

Si eres capaz de crear un buen libro, escrito sin errores, con una portada atractiva y un contenido que agregue valor real a los usuarios, ellos lo notarán y te dejarán comentarios positivos, que serán el estímulo perfecto para nuevas compras.

Entendiendo Amazon KDP: tres claves principales

¿Estás entendiendo Amazon KDP y sus beneficios para los autores independientes? Aquí van tres puntos clave adicionales sobre esta plataforma:

#1. El futuro del mercado editorial

Publicar libros en Amazon KDP es una oportunidad de oro para crecer como autor. En la actualidad, gran parte de la población utiliza internet en su vida cotidiana, consume contenidos en redes y tiene medios de pago digitales. Entendiendo la plataforma, todos estos factores actúan en tu favor.

#2. Vender libros en todo el mundo

Deja atrás las limitaciones de las librerías locales y las dificultades de tratar con ciertas editoriales. Vende tus libros en todo el mundo sin pagar costes exagerados, con un precio uniforme y con la certeza de que recibirás tus regalías en la fecha prevista, todas juntas en un solo canal de pago.

#3. Crear marca de autor

Amazon KDP es la mejor forma de instalar tu marca de escritor y hacerla crecer. Comienza a crear contenidos literarios de calidad y posiciónate como un experto en tu nicho. Si haces un buen trabajo, es inevitable que tu reputación como autor crezca, alimentada por buenas reseñas, calificaciones positivas y muchas ventas.

Diseño de libros

Esta es la última etapa del proceso editorial antes de la publicación de la obra. Requiere conocimientos específicos en el uso de programas para diseñar y mucha experiencia en el campo editorial. Realizar un buen diseño es fundamental si deseas vender muchos ejemplares. ¿Te gustaría conocer cuáles son las características principales que debe tener un buen diseño editorial? Continúa leyendo y descubrirás todo lo que debes saber para diseñar un libro genial.

Diseño editorial

El diseño editorial es una de las formas más antiguas de diseño gráfico. Aunque los libros existen desde hace siglos, algunos de sus elementos esenciales, como la disposición del texto y las ilustraciones, han permanecido relativamente constantes. Es evidente que un códice del siglo xi, por ejemplo, es bastante distinto de un libro publicado la semana pasada. Sin embargo, pese a los cambios importantes que tuvieron lugar a lo largo del tiempo, los rasgos básicos de los libros siguen siendo los mismos.

Las buenas prácticas de diseño editorial garantizan un libro visualmente atractivo, capaz de captar la atención de los lectores. Diseñar una buena portada es la clave, aunque no es suficiente para que tu libro tenga toda la calidad propia de un trabajo profesional.

Al hablar de diseño de libros, muchos escritores se enfocan en un solo aspecto, como la cubierta, el tipo y el tamaño de letra elegidos, los márgenes, las dimensiones de la página, etc. Sin duda, todas estas son características importantísimas, aunque no sirve de nada abordarlas por separado: debe haber coherencia visual entre el interior y el exterior de un libro, asegurando que ambos sean complementarios.

¿Es obligatorio contratar a un experto en diseño de libros para obtener un buen resultado? No, aunque es lo más recomendable. ¿Por qué? Pues porque cuenta con experiencia en el manejo de *software* especializado y en los aspectos técnicos y visuales necesarios para crear diseños profesionales.

Diseños editoriales

El diseño de los libros es un aspecto tan importante de la industria gráfica que las editoriales cuentan con departamentos dedicados de manera específica a esa tarea. Un buen diseño gráfico puede traducirse en muchas ventas. Recuerda que la primera impresión que deja un libro es el impacto visual causado por su aspecto exterior, aunque esto no quiere decir que solo importe la apariencia.

Por eso, si tu libro está lleno de errores ortográficos y gramaticales, si la trama es aburrida y poco original, será difícil que tenga éxito, por más que su diseño sea espectacular.

Existen libros especializados que se enfocan en el diseño gráfico y la estética de productos editoriales. El mejor de ellos es el que describe conceptos y métodos para diseñar productos atractivos. Sin embargo, comprar uno con la intención de aprender a diseñar tu propia obra podría no tener los resultados que esperas. Creer que puedes realizar el diseño gráfico de tu libro sin experiencia en ello y sin ayuda exterior es un error que suele costar caro. Si quieres saber cómo hacerlo, aquí te compartimos algunas buenas prácticas editoriales para que el aspecto gráfico de tu obra sea impecable.

#1. Diseño del interior de un libro

El principal aspecto que debes tener en cuenta es que el diseño de libros se divide entre diseño exterior y diseño interior. Ambas partes son complementarias, aunque deben abordarse de manera individual para obtener mejores resultados.

Tamaño

El tamaño de un libro influye tanto en su diseño exterior como en el interior. Asegúrate de elegir el adecuado para tu obra. Lo más conveniente es optar por alguno de los tamaños estandarizados que te provee Amazon KDP. Para libros en papel, las dimensiones más comunes son

6" × 9" y 5,5" × 8,5". Los *e-books*, en cambio, pueden publicarse en páginas tamaño A4 o carta. Recuerda que este último tiene un formato *responsive*, es decir que se adaptará de manera automática al tamaño de la pantalla del dispositivo que uses para leerlo.

Márgenes

Los márgenes son los espacios en blanco que separan el texto del borde exterior del libro. Uno demasiado pequeño crea la sensación de que las palabras están a punto de caerse de la página y dificulta la lectura. Por su parte, uno demasiado amplio aumenta la cantidad de páginas de forma innecesaria. Si te excedes en su tamaño, el lector tendrá la sensación de que buscas extender tu libro sin un motivo válido. Utiliza márgenes normales, equilibrados; idealmente, no son demasiado grandes ni demasiado pequeños.

Sangría

La sangría —también llamada sangrado— es un espacio de tabulación que se pone antes de la primera palabra de cada párrafo. Decidir si vas a emplearla queda a tu criterio y, si eliges diseñar tu libro con ella, recuerda utilizarla en todos los párrafos por igual.

Páginas en blanco

Las páginas en blanco, al inicio y al final de un libro, son un elemento común en el diseño editorial.

Alineación

La alineación del texto de los libros es, por lo general, justificada, con bordes rectos en los márgenes laterales. La anteportada o portadilla, esa página inicial donde aparecen el título de la obra, el nombre del autor y la editorial, suele alinearse al centro.

Tipografía

La tipografía es quizás el aspecto más importante en el diseño del interior de un libro. Elige una buena fuente, que sea legible. Las de tipo serif, como la letra Garamond, se encuentran entre las más populares.

Espaciado

El espaciado es otra cuestión clave en la legibilidad de un libro. Demasiado espacio entre líneas genera una sensación incómoda e impide la lectura fluida. Lo recomendable es utilizar uno de alrededor de 1,5 líneas.

Encabezados

Los encabezados son los títulos de los capítulos y de las distintas secciones. Pueden ir en negrita y alineados al centro, utilizando la misma tipografía que el resto del texto.

Imágenes

El diseño de imágenes es un aspecto delicado del formato interior de un libro. Lo principal es conseguir o crear buenas imágenes, con una resolución adecuada. Pero esto no es suficiente porque cada una de ellas debe ubicarse de forma correcta en la página, manteniendo una distancia regular con respecto al texto y a los márgenes. Si encuentras dificultades al diseñar un libro con imágenes, puedes optar por nuestro servicio profesional de maquetado.

#2. Diseño de un *e-book*

El diseño de un *e-book* requiere técnicas específicas para garantizar una experiencia óptima de lectura en dispositivos electrónicos. Un libro digital mal maquetado causa una sensación desagradable en el lector y ahuyenta a potenciales compradores.

#3. Diseño de libros en papel

Diseñar libros en papel es todo un arte. Los libros impresos son productos que requieren procesos industriales complejos: aunque a simple vista puedan parecer sencillos, deben cumplir muchísimos requisitos para tener buena calidad. Por suerte, en la actualidad existe una gran variedad de aplicaciones que nos ayudan a realizar esta tarea de manera profesional. InDesign y Scribus son solo dos de los programas más recomendables para llevarlo a cabo. Si te decides a publicar tu obra en Amazon KDP, la plataforma se encarga de imprimirla con alta calidad y distribuirla en todo el mundo, tú solo debes enviar los documentos con el interior y el exterior del libro.

#4. Diseño de portada

Diseño de cubierta y de portada son sinónimos, y es una tarea que nada tiene que ver con el diseño del interior: en ella, se conjugan los colores, la tipografía, el equilibrio entre los elementos de la composición y otros factores clave para un diseño atractivo. Si quieres realizar esta tarea por ti mismo, Canva puede ofrecerte algunas opciones. Pero, si estás buscando un resultado profesional, lo mejor es dejarlo en manos de un experto en diseño de cubiertas.

#5. Diseño de una campaña de marketing

Mucho se habla sobre el diseño de los libros, y la opinión generalizada entre los autores independientes es que el aspecto visual sí importa. Sin embargo, la mayoría de ellos deja de lado un tema crucial en todo proyecto editorial: la difusión. Aunque algunos libros tienen éxito por su contenido, muchos necesitan estrategias de difusión para alcanzar buenas ventas, incluso en el caso de autores consagrados.

Publicar libros en letra grande

Publicar un libro en letra grande permite conectar con un público específico, principalmente con adultos mayores, pero no solo ellos se benefician con obras de estas características. ¿Sabías que se trata de un nicho literario poco explotado en la actualidad? Así es. Por eso, publicar libros en letra grande es una estrategia efectiva para explorar un nicho literario con alta demanda.

Todo esto suena bastante bien, pero ¿qué son los libros en letra grande?, ¿en qué se diferencian de los de letra común?, ¿dónde se pueden imprimir para venderlos? Continúa leyendo y sabrás las respuestas a estas preguntas, además de muchos datos interesantes sobre esta clase de libros tan particulares.

Qué son los libros en letra grande

Los libros en letra grande son volúmenes diseñados para quienes no pueden leer con facilidad fuentes de tamaño normal, por lo que utilizan una tipografía más grande que la habitual. No están reservados para un género en particular: podemos encontrar clásicos de la literatura universal en letra grande, al igual que libros infantiles, libros de autoconocimiento o los últimos lanzamientos editoriales.

Publicar de este modo no requiere procesos complejos ni herramientas especiales. Solo debes elegir una tipografía mayor a la usual y maquetar tu libro en función de ella. Si ya publicaste uno en letra normal, puedes volver a maquetarlo con letra grande. Suelen tener más páginas que uno de tipografía estándar, lo que incrementa ligeramente los costes de producción. Esa diferencia se verá reflejada en el precio.

El beneficio principal de publicar libros en letra grande es llegar a un nuevo público. Sus lectores son un grupo heterogéneo con una necesidad común: ver mejor lo que están leyendo. Si haces bien tu trabajo al publicar libros de letra grande, el público objetivo lo valorará y esto puede incentivar sus compras.

Requisitos para publicar libros en letra grande

Hay tres condiciones ideales para publicar un libro de letra grande:

#1. Tamaño de fuente grande

Una fuente normal tiene 12 o 13 puntos. Los libros de letra grande utilizan tipografía de 16 puntos o superior.

#2. Interlineado adecuado

El interlineado demasiado pequeño puede hacer que las letras se confundan ante la vista del lector. En el otro extremo, uno exagerado hace incómoda la lectura. Cada tipografía tiene un interlineado ideal según el tamaño elegido. Explora estas opciones haciendo pruebas en Word y otras aplicaciones. El recomendado para libros en letra grande suele ser de 1,5, aunque puede ajustarse según la tipografía elegida. No te confíes de lo que ves en la pantalla, haz pruebas de impresión para descubrir el aspecto real que tendrán las páginas de tu libro de letra grande.

#3. Maquetado de libros en letra grande

El maquetado es el diseño del interior de los libros. Maquetar un libro de letra grande es buscar la manera más armoniosa de presentar el texto. El tamaño de página puede ser un poco mayor que el usual, quizás un poco más pequeño que el formato carta (*letter* en inglés) o el A4. Además, los márgenes suelen ser más amplios, con medidas de entre 2 cm y 3 cm, para mejorar la legibilidad.

Grupos interesados en libros de letra grande

¿Quiénes compran libros de letra grande? ¿A qué personas están orientadas estas ediciones especiales? Los consumidores de estos textos son variados y pueden incluir lectores con diferentes necesidades y preferencias. Los hay lectores de novelas, de poemas, de tutoriales y de lo que tengas en mente. Sin embargo, pueden agruparse de acuerdo con ciertas características específicas:

#1. Personas con discapacidad visual

Existen personas con capacidad visual disminuida que todavía pueden leer, siempre y cuando se trate de textos claros, con tipografía grande. Investiga cuáles son los temas más populares en libros de esta clase y publica uno similar pero novedoso para este público.

#2. Disléxicos

La dislexia es una condición que afecta la lectura y la escritura. Un libro de letra grande puede facilitar muchísimo la comprensión lectora para audiencias con esta condición.

#3. Lectores cansados

Algunos lectores prefieren libros en letra grande porque resultan más cómodos de leer en condiciones de poca luz o desde cierta distancia. Si te gustan los ambientes iluminados de manera sutil, pueden ser la mejor opción para ti.

#4. Adultos mayores

Los adultos mayores eligen muchísimo los libros en letra grande porque suelen tener dificultades visuales. Vender libros con esa característica a este grupo te allana el camino porque puedes caracterizar mejor a tu lector ideal y darle lo que está buscando.

#5. Niños

Este grupo está al final de la lista porque los libros en letra grande para niños pertenecen a un tipo especial:

los libros ilustrados. Todos hemos visto libros infantiles con dibujos coloridos acompañados por textos más o menos breves en letra grande y clara.

Ventajas de leer en letra grande

Leer un libro en letra grande reduce el estrés visual y permite que te concentres en el contenido del texto sin tener que forzar la vista todo el tiempo. Esto puede cambiar de manera radical tu experiencia de lectura y volverla más placentera. Te ayuda a evitar dolores de cabeza o cansancio excesivo después de unas horas. Además, estos libros son más fáciles de subrayar y remarcar de manera clara. Un libro de letra grande puede salvarte cuando no tienes a mano tus gafas para leer.

Cómo publicar libros en letra grande en Amazon

Amazon es la plataforma de autopublicación más grande del mundo, es un mercado de libros espectacular con millones de títulos disponibles en papel y en *e-book*. Al tener millones de compradores, los desarrolladores de la plataforma contemplaron una opción especial para ofrecer libros de letra grande. Según Amazon, «los libros con letra grande suelen tener un tamaño de fuente de 16 puntos o superior». Cuando publicas un libro con tipografía de este tamaño, debes mencionarlo marcando una casilla especial en la página de creación. Si marcaste tu obra como «libro con letra grande», esa información aparecerá en la página de detalles y los usuarios que busquen obras de esas características podrán encontrar tu publicación.

La diferencia entre letra normal y letra grande no es taxativa, ya que es siempre relativo. Sin embargo, hay cierto consenso a este respecto: se considera letra normal la de 12 puntos y grande la de 18 o más. Amazon entiende como letra grande la que tiene 16 o más puntos de tamaño. Lo cierto es que algunas fuentes, como Angsana New, son más pequeñas en comparación con otras, como Times New Roman, aunque tengan el mismo tamaño de cuerpo. Así, 16 puntos podrían no parecer tan grandes en unas fuentes y sí en otras.

Los *e-books* tienen la ventaja de que eres capaz de adaptar el tamaño de la letra como quieras porque la tipografía no es fija, sino *responsive*. Puedes agrandar y reducir el tamaño y elegir entre varios modelos de tipografía para visualizar el texto. En el caso de los *e-books*, no es necesario especificar el tamaño de la letra, ya que el lector puede ajustarlo según sus preferencias. Esto solo debe hacerse con libros en papel. Una buena opción de tipografía para un libro en letra grande son las fuentes sans serif. Explora el buscador de dafont.com y descubre la que más te guste.

La venta de libros en letra grande representa una oportunidad de negocio llamativa debido a la limitada oferta ante una demanda creciente. Puedes comenzar a explorar este mercado adaptando libros que ya tengas publicados a una nueva versión con este tipo de letra.

Kindle Unlimited: cómo funciona

¿Qué es Kindle Unlimited? ¿Cómo funciona el llamado «Netflix de los libros»? ¿Se puede acceder a todos los libros de Amazon con un único pago? Kindle Unlimited es un servicio especial que combina lo mejor de la tienda de Amazon con el sistema de autopublicación KDP. Usándolo, lectores de todo el mundo pueden acceder a un inmenso catálogo de títulos editoriales por un pago mensual accesible.

Pero… ¿es cierto que Kindle Unlimited también trae beneficios para los escritores? ¿Cómo puedo obtener más ganancias por la venta de mi libro usando este servicio? Continúa leyendo y conocerás todas las ventajas que tiene para ti y cómo puede ayudarte a potenciar tu trabajo como autor independiente.

Qué es Kindle Unlimited

Kindle Unlimited es un servicio prepago de Amazon que te da acceso ilimitado a un inmenso catálogo de *e-books* y audiolibros desde tu dispositivo Kindle, el ordenador o el móvil. Usarlo es la mejor forma de leer todos los libros que quieras sin necesidad de comprar cada título por separado. Además, es uno de los servicios más elegidos por los amantes de la lectura, así como por investigadores, docentes y otros usuarios que necesitan consultar numerosos libros a bajo coste. Piensa en él como una suscripción de pago para acceder a una de las bibliotecas digitales más grandes del mundo.

Suscribirse a Kindle Unlimited incluye el acceso a millones de libros digitales, audiolibros, cómics y revistas electrónicas disponibles en la tienda de Amazon. El beneficio básico de este servicio es que puedes consultar todos los libros que quieras sin tener que comprarlos de uno en uno. Esto te ahorra dinero y te ofrece una experiencia de lectura fluida: solo debes buscar el libro que deseas en el catálogo y comenzar a leerlo sin realizar ninguna transacción adicional.

El precio de la suscripción a Kindle Unlimited es de 9,99 € o USD. Teniendo en cuenta que un *e-book* cuesta alrededor de 5 €, pagarla cuesta un centavo menos que comprar dos libros. Si bien es cierto que un préstamo digital no es lo mismo que la compra, para propósitos prácticos, la suscripción es conveniente porque te permite explorar por completo las obras que te interesan y evitar compras innecesarias o decepcionantes.

El funcionamiento de Kindle Unlimited es sencillo: pagas el precio de la suscripción y ya puedes comenzar a navegar el catálogo y leer los libros que te ofrece. Ten en cuenta que la suscripción no es equivalente a comprar los libros de manera individual. En otras palabras, los libros que descargas son en realidad un préstamo y puedes conservarlos mientras dura tu suscripción. Así, cuando decides cancelar el servicio y dejar de pagar, los libros que descargaste mediante Kindle Unlimited se borrarán de tu cuenta. ¡Recuerda esto y asegúrate de apuntar información importante antes de perder el acceso a las obras!

Cobro por página leída en Amazon KDP

Lo que hemos visto hasta aquí es, sin dudas, interesante y conveniente para los lectores que utilizan el servicio de Kindle Unlimited, pero... ¿qué hay de los escritores?, ¿hay beneficios para los autores independientes? ¡Sí! Para ellos el principal beneficio es pertenecer al catálogo de un servicio exclusivo y aumentar la visibilidad de sus obras. Además de esto, Amazon te pagará una suma proporcional a la cantidad de páginas leídas de tu libro. Verás estas ganancias reflejadas en tu Calculadora de Regalías bajo el título de «KENP royalties». Así, ya no es necesario vender un libro para cobrar por él, porque la plataforma te paga cuando los suscriptores de Kindle Unlimited leen alguna parte de tu obra.

Kindle Unlimited: guía básica

Ahora vemos las principales características de Kindle Unlimited y los beneficios que tiene para lectores y escritores en un tutorial rápido.

#1. En qué consiste Unlimited de Kindle

Kindle Unlimited es un servicio prepago de préstamo de libros proporcionado por Amazon, la mayor tienda en línea del mundo. Con él accedes a millones de libros haciendo un solo pago mensual.

#2. Para qué sirve Kindle Unlimited

Kindle Unlimited sirve para acceder a una enorme cantidad de obras literarias, cómics, revistas y audiolibros pagando una suscripción barata.

#3. Contratar Kindle Unlimited

Para contratar Kindle Unlimited, ingresa la página de Amazon de este programa y confirma los datos de tu tarjeta de crédito. Considera que deberás tener una cuenta de Amazon para acceder a la tienda. Si ya tienes un usuario y una contraseña, no hace falta que vuelvas a registrarte. Recuerda que se trata de una suscripción, por lo que te cobrarán el servicio todos los meses hasta que decidas cancelarlo.

#4. ¿Leer todos los libros de Amazon?

Al escuchar sobre Kindle Unlimited, muchas personas creen que el servicio les permitirá leer todos los libros de Amazon. Esto no es del todo cierto porque, en realidad, solo puedes acceder a los libros incluidos en el catálogo. Pero no te preocupes, el servicio abarca millones de obras en multitud de idiomas y, con toda seguridad, encontrarás algo útil o de tu agrado. Por solo nombrar un título popular, incluye la saga de Harry Potter.

#5. ¿Kindle Unlimited para escritores sirve?

Kindle Unlimited es una herramienta de crecimiento para los autores independientes porque les permite monetizar sus *e-books* sin necesidad de concretar ventas. Según informes de la compañía Amazon, este servicio ha pagado cientos de millones de dólares en regalías a los autores y el número sigue en aumento.

¿Vale la pena Kindle Unlimited?

Lo dicho hasta aquí nos permite afirmar de manera contundente que Kindle Unlimited vale la pena, tanto para los lectores como para los escritores. Si eres fanático de los libros y la literatura, puedes acceder a un inmenso catálogo pagando una suma módica. Si eres escritor, este servicio te ayuda a monetizar tu contenido más allá de las ventas tradicionales y te permite cobrar cada vez que algún suscriptor ojea tu libro o se interesa en él y lo lee.

Cada vez que surge un nuevo producto o servicio digital, millones de usuarios en todo el mundo se plantean una misma pregunta: ¿se puede conseguir gratis? Entonces, ¿se puede conseguir Kindle Unlimited gratis? Para tu sorpresa, la respuesta es un sí rotundo porque, con tu suscripción, la plataforma te da un mes de prueba gratuito.

El uso de Kindle Unlimited es sencillísimo. Una vez que tienes tu suscripción, solo navega la tienda buscando los *e-books* que tengan la opción de «Leer ahora» o «Read for Free». Haz clic y descarga el libro en tu cuenta para disfrutarlo desde cualquier dispositivo. Como podrás suponer, este servicio no abarca libros físicos, solo ejemplares digitales: *e-books*, revistas, cómics y audiolibros.

Cómo hacerse millonario con libros de bajo contenido

Ser millonario con libros de bajo contenido en Amazon es una de las más recientes promesas de éxito editorial a nivel mundial. Cada vez se ven más vídeos, artículos de blogs y otros recursos de *influencers* que te prometen obtener ganancias fabulosas con solo publicar algunos libros de bajo contenido y venderlos en Amazon.

¿Qué hay de cierto en todo esto? ¿Es verdad que este tipo de libros pueden hacerte millonario en poco tiempo? ¿Qué se oculta tras esta impactante promesa? Continúa leyendo y descubrirás todo lo que debes saber sobre ellos, cómo publicarlos y qué resultado comercial puedes esperar.

El mito de hacerse millonario con libros de bajo contenido

El tutorial para hacerse millonario con libros de bajo contenido de Amazon puede encontrarse en muchos sitios, bajo diversos aspectos, en diferentes versiones. Sin duda, el asunto debe ir en serio porque, al parecer, muchos escritores se están enriqueciendo con este genial modelo de negocios. ¿O no?

Los libros de bajo contenido son publicaciones de Amazon que tienen escaso o ningún texto en sus páginas. Algunos ejemplos de ellos son: cuadernos de notas, planificadores, diarios y revistas, libros de registro (de hábitos, de actividad, de agradecimientos, etc.), libros de cupones, plantillas de tarjetas de puntuación, plantillas de manualidades (como papel para libros de recortes, etc.), partituras en blanco y documentos internos.

Para crear un libro con poco contenido, sigue estos pasos:

#1. Ve a tu biblioteca de Amazon KDP.

#2. Elige libro de tapa blanda o tapa dura.

#3. Indica el título, la descripción y las palabras clave. En «Categorías», marca la casilla «Poco contenido». Sigue los pasos normales para terminar de publicar tu libro.

Los libros con poco contenido tienen texto casi idéntico en todas sus páginas, si es que tienen alguno. Por ejemplo, uno de registro tendrá páginas numeradas y quizás renglones en cada una de ellas. Algo similar puede decirse de los demás tipos de libros con poco contenido: casi no tienen texto. Por lo tanto, es evidente que «escribir», maquetar y publicar así puede hacerse con relativa rapidez. Esta velocidad en el proceso de producción hace que muchos autores sientan la tentación de publicar libros de este tipo de modo masivo, esperando vender muchos ejemplares en breve tiempo.

Como en cualquier negocio serio, la ganancia es proporcional al esfuerzo invertido. Los escritores honestos lo saben, y también lo sabe Amazon, que tiene uno de los sistemas informáticos más avanzados del mundo. Los robots de Amazon trabajan sin descanso para optimizar los contenidos de la plataforma, detectando todo tipo de actividad inusual y filtrando productos de dudosa calidad. Así, cuando un usuario publica varias veces el mismo libro de bajo contenido (o uno parecido) con distintas portadas y palabras clave diferentes, el sistema lo sabe tarde o temprano y puede emprender acciones drásticas contra él.

¿Conviene publicar libros de bajo contenido? Esta es una pregunta abierta cuya respuesta dependerá siempre del objetivo real de la publicación. Por ejemplo, si tu meta es vender un cuaderno de bitácora bien diseñado, atractivo, fácil de usar, un producto pensado con esmero para facilitarle la vida al usuario, la respuesta es sí, conviene publicar ese libro. Ahora bien, si solo quieres hacerte millonario ofreciendo en serie productos de dudosa calidad, entonces no te conviene.

Ahora que tenemos un poco más claro el panorama sobre los libros de bajo contenido, analicemos en detalle este supuesto modelo de negocio.

#1. Es una falsa promesa

La mayoría de las promesas de hacerse millonario en poco tiempo suelen ser engañosas. Si fueran verdaderas, nadie estaría revelando esas estrategias de negocios a los cuatro vientos. ¿Quieres tener éxito vendiendo libros en Amazon? Trabaja en ello sin esperar milagros.

#2. Requiere ser diseñador profesional

Los promotores de este falso modelo comercial podrían argumentar que sí funciona, que solo hay que crear buenos libros con poco contenido, volúmenes prácticos para el usuario. Lo que estos fingidos gurús no te dicen es que, para hacer un buen producto editorial, sea cual fuere, hay que tener sólidos conocimientos en diseño gráfico y muchísima práctica. Para diseñar un libro de actas, un registro de actividad o una partitura en blanco, hay que saber usar programas de diseño, algo que no se aprende en un día ni en diez.

#3. Es una moda pasajera

En la actualidad, la promesa de hacerse millonario con libros de bajo contenido circula con fuerza; cada día aparecen nuevos tutoriales con instrucciones para iniciarse en este supuesto negocio. Pronto, cuando las personas que siguen estas guías se den cuenta de que son una pérdida de tiempo, dichos tutoriales perderán audiencia.

#4. Te pueden cerrar la cuenta de Amazon

Aquí vamos a ponernos serios. Amazon es implacable con aquellos contenidos que infringen sus políticas. Publicar decenas de libros con poco contenido por el mero afán de lucro, sin calidad alguna, puede provocar el cierre de tu cuenta.

#5. Publicar libros no es suficiente

Otra cosa que los supuestos *influencers* del bajo contenido no te dicen es que ningún libro se vende solo, nada más publicarlo en Amazon. Para que un libro tenga éxito y te traiga buen dinero, debes hacer una investigación previa del mercado y, una vez que esté publicado, tienes que ser constante con la difusión orgánica y de pago.

#6. Tienes mucha competencia

Hacerse millonario con libros de bajo contenido no es una idea nueva ni original. Muchas personas están tratando de hacer lo mismo y Amazon está inundado de este tipo de libros.

#7. Comprometes tu marca de escritor

Existen escritores que, después de haber publicado varias obras, buscan ampliar su negocio editorial con algunos libros de poco contenido. Lo que no saben es que estos podrían perjudicar su imagen si obtienen muchas reseñas negativas o si Amazon decide retirarlos.

Sin importar el tipo de libros que publiques o el género literario que escribas, uno solo es el camino para ganar dinero con Amazon:

#1. Ofrecer contenido de calidad

Lo primero es hacer un buen libro. Escribe, revisa, corrige y vuelve a revisar. Pide un informe de lectura profesional. Haz un maquetado óptimo. Invierte tiempo y dinero en calidad.

#2. Construir una audiencia

Establece canales de comunicación fluida con tu público. Potencia el *engagement* y busca aumentar la retención de audiencia dándoles a tus lectores lo que quieren.

#3. Ser constante con el marketing

En la actualidad, la oferta de productos y servicios es más amplia y diversa que nunca. Realiza acciones de marketing constantes para aumentar el valor de tu marca y mejorar la exposición de tus libros.

#4. No esperar soluciones mágicas

Huye de las promesas de dinero rápido y fácil. Nadie revela trucos para hacerse millonario, mucho menos gratis.

#5. Publica con frecuencia y expande tu catálogo

Consolídate como una autoridad en tu nicho literario, habla en profundidad de cada tema y amplía la información tanto como puedas. No hay límite para la cantidad de libros que puedes publicar en Amazon.

Cómo vender libros para niños

Vender libros para niños implica dirigir tu mensaje a un sector especial del público: los más pequeños, y es el sueño de muchos autores en todo el mundo. Los libros infantiles cautivan a audiencias numerosas y generan miles de millones de euros en regalías cada año. ¿Cómo podemos destacar en este mercado y encontrar el mejor lugar para ofrecer estos libros? Continúa leyendo para descubrir las respuestas a las dudas más comunes de los escritores de este tipo de literatura.

El mercado de libros para niños

Las ventas de libros infantiles en España se han disparado en los últimos cinco años. Este nicho editorial, que hace pocos años generaba alrededor de 300 millones de euros anuales, ha dado un salto cuantitativo espectacular y ya produce unos 500 millones de euros. Sin duda, el público infantil y juvenil representa un enorme porcentaje de los compradores de libros a nivel mundial y, en consecuencia, es una oportunidad de negocio genial para escritores independientes.

En el mercado editorial, cada nicho tiene características especiales y, cuanto mejor las conozcas, más cerca estarás de obtener éxito como escritor. El público infantil se renueva todo el tiempo, aunque los libros preferidos por los más pequeños tienen características comunes que trascienden épocas y países.

Si buscamos los libros infantiles más vendidos en Amazon, encontramos un interesante catálogo que abarca acción y aventura, clásicos universales, ficción histórica, poesía y muchas otras temáticas populares. Se pueden vender libros de estos y otros nichos literarios en papel y en *e-book* siguiendo una serie de pautas específicas para llegar a esa audiencia tan particular.

El coste de publicar libros para niños puede superar el de aquellos destinados a adultos por una sencilla razón: suelen tener ilustraciones en color, que son más caras que las realizadas con tinta negra, lo que podría encarecerlos.

Guía para vender libros infantiles

Ahora te brindamos una guía rápida para optimizar tu método de venta de libros infantiles y multiplicar el número de lectores. Estos consejos son prácticos y contemplan acciones simples y eficaces que puedes llevar adelante si quieres hacerlo de manera exitosa.

#1. Usar una página web adecuada

Tu página web de autor es un punto de partida imprescindible para afianzar una estrategia de ventas seria. Existen servicios de almacenamiento y diseño web accesibles y profesionales; basta con investigar un poco y animarse a crear una. La página web para vender libros infantiles tiene un doble público objetivo: los niños y sus padres. Asegúrate de crear un sitio atractivo para ambos. Los niños valorarán las imágenes llamativas y los mensajes claros. Por su parte, los padres te agradecerán un entorno fácil de manejar, con un menú de compra sencillo y accesible.

#2. Planificar preventa fuera de internet

La preventa de libros es un sistema de financiamiento ideal para autores que están comenzando a dar los primeros pasos en el mercado. Implica cobrar por adelantado el precio del ejemplar y comprometerse a entregarlo en una fecha determinada. Para hacer más atractiva la oferta, puedes poner un precio especial con descuento para la preventa.

#3. Realizar lectura infantil en bibliotecas

En sintonía con la preventa de libros infantiles, hay muchas acciones que puedes realizar para multiplicar el número de pedidos. Una opción genial es hacer lecturas en bibliotecas locales. Organiza un evento literario para niños y realiza una lectura dramática de algunas partes de tu libro. Este tipo de presentaciones son irresistibles para los más pequeños y suelen ser un alivio para padres ocupados que buscan actividades para sus hijos. Utiliza esos encuentros para promocionar la venta de manera directa, con un mensaje claro al final de cada presentación.

#4. Colaborar con blogueros de libros infantiles

Esta opción podría costarte algún dinero, pero vale cada céntimo invertido. Los blogueros y otros *influencers* literarios son capaces de reseñar tu libro y compartir enlaces para que su audiencia lo compre. Un bloguero literario con cientos de miles de suscriptores podría conectarte con muchísimos compradores interesados en tu temática.

#5. Buscar grupos de Facebook

Los grupos de Facebook te permiten conectar con padres interesados en la literatura infantil. Las estadísticas demuestran que esta es una red social elegida por personas de más de 30 años. En este rango etario, se encuentra la mayoría de los padres de niños. Redes más populares entre los jóvenes, como Instagram y, sobre todo, TikTok, te permitirán comunicarte de manera directa con tus lectores, es decir, con los niños.

#6. Hacer un plan de marketing por correo

El *e-mail* marketing es una de las herramientas más poderosas y al mismo tiempo más subvaloradas por la mayoría de los autores. Lo cierto es que contar con una lista de correo de fieles seguidores te garantiza una base de conversiones, es decir, de ventas. Tómate unos segundos para pedir de manera amable el correo electrónico de tus lectores potenciales cada vez que tengas la oportunidad de hacerlo.

#7. Participar en concursos de literatura infantil

Si tienes suerte, un concurso de literatura infantil podría potenciar tu carrera como autor a niveles difíciles de alcanzar por otros caminos. El hecho de ganar un concurso literario suele venir acompañado de la firma de un contrato editorial para publicar tu libro en tiradas de miles de ejemplares. Y, en caso de que no resultes ganador, el solo hecho de participar puede abrirte algunas puertas y darte a conocer mejor.

Lugares donde vender libros infantiles

Ya vimos estrategias generales para poner en circulación tu libro infantil y atraer a más lectores potenciales. Ahora vamos a analizar situaciones concretas de venta: ¿dónde se venden los libros para niños? Aquí tienes las principales opciones:

#1. Utilizar tu librería local

Las librerías de tu comunidad son siempre una excelente opción para vender libros en formato físico. Muchos de estos comercios te permiten exhibirlos y ponerlos a la venta. Cuando alguien compra un ejemplar, el comerciante se queda con un porcentaje y te entrega el resto.

Este método funciona bien en la mayoría de los casos y trae ganancias para ambas partes.

#2. Contactar con escuelas

Pocos sitios albergan tantos compradores potenciales de libros infantiles como las escuelas. Quizás no sea tan fácil acceder a ellas porque las autoridades tienen la obligación de controlar la formación que reciben los alumnos. Si tu libro es adecuado para el público escolar, tienes la posibilidad de compartirlo en una actividad especial que incluya a alumnos, docentes y padres.

#3. Aprovechar grupos de juego locales

Existen grupos de actividades infantiles, como manualidades, teatro, música, lectura, cine, juegos y otros pasatiempos, donde puedes ofrecer libros infantiles. Regalar algunos ejemplares en estos grupos puede generar interés y, con ello, impulsar tus ventas.

#4. Visitar centros educativos y granjas infantiles

Lo dicho para grupos de juego también es válido para organizaciones más consolidadas, como instituciones educativas y centros recreativos privados: un parque de atracciones, una academia de danza o un centro cultural son buenos ejemplos de ello. Acércate a los responsables de estos sitios y ofréceles un evento gratuito y de calidad. Explícales que ofrecerás tu libro, pero que no te centrarás en ello.

#5. Contactar con medios de tu comunidad

La prensa local siempre está dispuesta a recibir historias de color para llenar sus espacios vacíos. Comunícate con los canales de televisión, los periódicos y las emisoras de radio de tu comunidad. Si transmites con seguridad un mensaje ordenado y directo, obtendrás el espacio que deseas.

Cómo narrar tu propio audiolibro

En la actualidad, plataformas como Amazon KDP te permiten vender audiolibros producidos por ti mismo. Grabarlos y publicarlos es un proceso que requiere dedicación y experiencia. Realizar la grabación en casa puede resultar en un producto de excelente calidad si cuentas con la práctica y los recursos adecuados. Continúa leyendo y conocerás todos los secretos para que este proceso tenga un resultado genial.

Qué es un audiolibro

El audiolibro es una idea antigua que ha vuelto a ganar vigencia en los últimos años. Se trata de libros que, en vez de leerse, se escuchan en cualquier dispositivo que reproduzca sonido. Para crear uno debes grabar el texto de la obra, leída por tu propia voz o por un locutor profesional.

¿Es recomendable usar IA para grabar audiolibros?

Algunas inteligencias artificiales que pasan texto a voz podrían ayudarte a encontrar el ritmo de lectura, pero dejar la grabación de un audiolibro a cargo de la IA produce resultados mediocres, sobre todo en las versiones gratuitas de aplicaciones de ese tipo. Es importante mencionar que algunas plataformas de distribución de audiolibros rechazan las obras producidas con inteligencia artificial. Por eso la mejor forma de hacerlo es emplear una voz humana real, con todos los matices y los pequeños detalles de una buena lectura dramática y emocionante.

Narración de audiolibros

Narrar un audiolibro es una experiencia casi teatral, sobre todo en las obras de ficción. En una novela, por ejemplo, intervienen varios personajes y el narrador debe interpretar a cada uno de ellos de manera especial: puede usar distintos tonos de voz, imprimir una cadencia particular o una pronunciación característica según quién hable y en qué circunstancia lo haga.

Grabar un audiolibro sin ser profesional de la voz es un emocionante desafío. Nadie sabe mejor que el autor cuál es la entonación ideal para leer lo que él mismo ha escrito. Sin embargo, entre la idea de cómo debe sonar y el resultado final podría haber un abismo de diferencia, si no cuidas algunos aspectos importantísimos del proceso.

Convertirte en narrador profesional de audiolibros te llevará un tiempo considerable. Ofrecer tus servicios como locutor de narraciones literarias podría darte importantes ingresos. No obstante, antes de brindar un servicio al público debes asegurarte de que eres capaz de realizar bien el trabajo que ofreces. Si de verdad te interesa esta opción, tu primer paso es buscar un curso de locución y esforzarte por sobresalir.

¿Qué habilidades debe tener un narrador de audiolibros?

Para grabar tu propio audiolibro y obtener un resultado de calidad, debes abordar todas estas áreas:

#1. Experiencia en locución

Esta es la habilidad básica para narrar un audiolibro: debes conocer tu voz y saber cómo proyectarla hacia el micrófono sin saturarlo. También es importante que conozcas tus vicios de dicción y trates de evitarlos mientras grabas. Tener a una persona que te llame la atención frente a titubeos o interminables «eee...» podría ahorrarte mucho tiempo de edición y aumentar la calidad del producto final.

#2. Habilidad para diferenciar las voces de los personajes

Este es un aspecto interesantísimo y, aunque no es indispensable hacer voces distintas para todos los personajes de un libro, contar con ello es una mejora cualitativa espectacular. Esa diversidad hace más llevadero el relato y, sobre todo, le da un toque especial de verosimilitud porque sumerge al oyente en el ambiente de la historia.

Por ejemplo, puedes usar un tono grave y pausado para el villano, y uno más agudo y rápido para un niño.

#3. Resistencia para soportar largas jornadas de grabación

Haz el siguiente experimento: elige un ritmo de lectura y grábate leyendo cincuenta palabras. Revisa el tiempo que te llevó y compáralo con la extensión total de tu libro. Por ejemplo, si lees cincuenta palabras en treinta segundos y tu libro tiene veinte mil palabras, grabar todo el texto de corrido sin parar te llevará alrededor de tres horas y veinte minutos. Este cálculo solo incluye el tiempo neto, y es seguro que necesitarás varias horas más para poner los equipos a punto y realizar algunas pruebas, sin contar la posproducción de sonido.

#4. Práctica en interpretación

Esta habilidad incluye la experiencia en locución, pero va más allá. La práctica en interpretación es lo que le da el toque dramático al texto, es la calidad teatral de la lectura. No puedes leer una descripción de la misma forma en que lees una escena de lucha entre el héroe y el villano, o el romántico desenlace de una historia de amor. Interpretar el texto es agregarle valor poniendo algo de ti, dándole vida a cada palabra.

#5. Dominio de programas de grabación

Si quieres grabar tu propio audiolibro, lo mejor es no depender de ningún experto en sonido. Esto quiere decir que tú vas a tener que convertirte en ese experto, al menos en las aplicaciones que decidas utilizar. Existen muchos programas gratuitos y de pago que te permiten hacerlo con calidad profesional. Quizás el más recomendable es Audacity, que tiene las principales funciones, como ecualización, compresión y mezcla de canales, algo básico para crear buenos archivos de audio.

#6. Buen manejo del micrófono

Saber hablar sin saturar el micrófono es una parte importante del aprendizaje de los locutores. Sin embargo, para que la interpretación de la voz brille en todo su esplendor, hace falta contar con uno de buena calidad. Existen de muchos tipos —dinámicos, cardioides, omnidireccionales, etc.— y para todos los presupuestos. Descubre el que mejor se adapte a tu estilo y a tu bolsillo y pruébalo antes de comprarlo.

#7. Ambiente insonorizado

Graba en absoluto silencio. Si el ordenador hace demasiado ruido, consigue un cable más largo para el micrófono y aléjate un poco. Evita la cercanía de puertas y ventanas y ubica a tu alrededor materiales que aíslen el sonido. Para empezar, no necesitas paneles acústicos costosos: mantas, almohadas, colchones y toallas son excelentes sustitutos.

Cursos para grabar audiolibros

Como habrás visto, la grabación de audiolibros requiere práctica y recursos técnicos, pero además tienes que dominar el estilo dramático, es decir, aprender a actuar con tu voz. Los cursos dedicados a ello son bastante específicos y es posible que no encuentres mucha oferta local. Sin embargo, una solución genial a este problema es instruirse en actuación, por un lado, y en locución, por otro. Tu manera de combinar esas dos profesiones pondrá un estilo único en los audiolibros que grabes.

Contratar locutor profesional de audiolibros

Si narrar tu propio audiolibro te parece demasiado complejo o si todavía no te animas a dar ese paso, nuestros locutores profesionales están listos para interpretar tu texto leyéndolo de manera conmovedora.

Consejos para optimizar la grabación de tu audiolibro

Ahora vemos una serie de pasos adicionales que distinguen un audiolibro común de uno espectacular.

#1. Silenciar ruidos de manera digital

Los programas de edición de sonido te permiten eliminar ciertos ruidos generados durante la grabación, como golpes al micrófono, motocicletas ruidosas o notificaciones del móvil. Puedes silenciar tramos completos o pedirle al programa que borre solo el ruido y deje todo lo demás.

#2. Usar compresión de audio

La compresión de audio nivela subidas y bajadas abruptas del volumen. Usándola puedes jugar con distintas alturas de tu voz, desde susurros hasta gritos, teniendo la seguridad de que todo se escuchará igual de bien.

#3. Ecualizar la grabación

Este paso te permite realzar los graves o eliminar frecuencias altas demasiado invasivas. La mejor ecualización es sutil y moderada, con una curva suave que abarque todas las frecuencias audibles.

#4. Probar el resultado en varios dispositivos

El altavoz del móvil no suena igual que el estéreo del coche o los altavoces de la sala. Experimenta con distintas ecualizaciones y compresiones hasta obtener un sonido satisfactorio en todos los dispositivos que tengas a tu alcance.

#5. Cambiar el *pitch*

El *pitch* es la frecuencia tonal del sonido, es decir, lo que determina si se percibe como grave o agudo. La variación en él te permite hacer distintas voces para tus personajes, desde las lentas y profundas hasta las más agudas y rápidas.

TERCERA PARTE:

MARKETING Y PREMIOS

Servicios de marketing para escritores

El marketing literario para autores independientes es más fácil y efectivo que nunca gracias a la multitud de plataformas en las que puedes anunciar tu obra. Servicios como entrevistas y promoción con *influencers* en Instagram pueden multiplicar las ventas de tus libros. Contratarlos te da una ventaja significativa sobre otros autores de tu nicho literario. ¿Cómo hacerlo y elegir la promoción adecuada? ¿Existe el marketing gratuito para escritores? Continúa leyendo para descubrir las respuestas a estas y a otras preguntas frecuentes.

Marketing para autores independientes

Veinte o treinta años atrás, para la mayoría de los escritores era casi imposible hacer una campaña de marketing efectiva. Es cierto que las grandes cadenas de medios tradicionales (radio, televisión, periódicos, revistas, etc.) anuncian obras literarias desde hace muchísimo tiempo. Pero también es cierto que esos anuncios son carísimos y se dirigen a un público masivo, inespecífico y sin segmentar.

Internet vino a cambiar las reglas del juego publicitario porque permite dirigir anuncios al público específico interesado en ellos, y a un coste más que accesible. Hoy, cualquier escritor puede usar plataformas como Amazon Ads o redes sociales para llegar en minutos a lectores interesados, con presupuestos accesibles. Y, mientras mayor sea su inversión, más crecerán las probabilidades de obtener clics y ventas.

Un ejemplo clarísimo de esto es la plataforma de anuncios Amazon Ads, que solo te cobra cada vez que un usuario hace clic en tu anuncio. Así, puedes obtener cientos o miles de impresiones y exponer tu marca y tu obra literaria gratis. Es obvio que no tener clics es sinónimo de no vender libros. Por eso ahora vamos a entrar de lleno en estrategias más complejas y servicios de marketing para escritores.

Marketing de contenidos: cómo atraer lectores de forma orgánica y de pago

En internet existen diversas maneras de promocionar contenidos literarios. Una de las más extendidas es el denominado marketing de contenidos, que consiste en producir textos, imágenes, audios y vídeos de circulación gratuita que agreguen valor a la audiencia. Por ejemplo, nuestro canal de YouTube y nuestro blog albergan contenidos de esa clase.

En términos de marketing, el tráfico orgánico es el que consigues solo por hacer buenos contenidos que atraen de manera espontánea a la audiencia. Lo mejor de él es que fideliza a los lectores de manera espectacular. Por otro lado, el marketing de pago consiste en invertir dinero en plataformas de anuncios y otros medios de promoción. Puedes promocionar tus contenidos orgánicos más destacados o vender libros directamente.

Servicios de prensa para escritores autopublicados

Ahora que aclaramos lo básico en el panorama actual del marketing para escritores, veamos cuáles son los servicios más productivos y rentables.

#1. Reseñas de libros en blogs literarios

Un blog de literatura te da prueba social como autor. El comentario de un lector profesional puede destacar lo más sobresaliente de tu obra y despertar la curiosidad con críticas constructivas y profundas. Conoce más de cerca este servicio visitando nuestra web: www.letraminuscula.com. En la pestaña «Servicios», encontrarás la sección «Marketing para escritores».

#2. Notas de prensa en medios de comunicación

Editorial Letra Minúscula colabora con multitud de webs especializadas en prensa y podemos ayudarte a obtener un espacio en ellas. Publicar una reseña basada en el resumen de tu libro y tu autobiografía beneficia tu obra en exposición y relevancia en las búsquedas de internet.

#3. Entrevistas en nuestro canal de YouTube

Podemos realizarte una entrevista con calidad profesional y publicarla en ese canal para que esté disponible en todo el mundo. Es una carta de presentación imprescindible en el marketing actual.

#4. Artículos patrocinados en periódicos *online*

Este servicio de marketing para escritores es un clásico y te permite comenzar a posicionarte en buscadores y mejorar tu *branding*, aunque tengas poca trayectoria como autor. Te ofrecemos la redacción del artículo y el espacio para publicarlo.

#5. *Pack* de lanzamiento *best seller*

Los servicios mencionados están incluidos en nuestro *pack* de lanzamiento *best seller*. Este paquete incluye un 15 % de descuento en todos los servicios, ofreciendo acciones de marketing de alto impacto a un precio competitivo y accesible.

#6. *Booktrailer* para tu libro

Otro servicio de marketing para escritores que ofrece nuestra editorial es el *booktrailer*, un vídeo de calidad donde presentamos tu libro de manera atractiva, buscando captar la atención de tus potenciales lectores. Puedes acceder a este servicio con descuento si lo incluyes en nuestro *pack* de publicación.

Hay autores que por nada del mundo creen necesario realizar acciones de marketing editorial, ya que piensan que si el libro es bueno la publicidad es superflua y frívola. ¡Gran error! La competencia en el mercado de los libros es omnipresente y sofisticada, de manera que, aunque tu libro sea una obra maestra, no llegará tan lejos como merece sin el marketing adecuado.

Más servicios de marketing para autores

Ahora vemos otros recursos indispensables para desarrollar una comunicación productiva de tu marca y tus contenidos literarios.

#1. Logos para escritores

El logo identifica un producto de manera instantánea. Si tenemos en cuenta que el escritor es el verdadero producto que los lectores compran, tener un logo de autor es indispensable para un *branding* eficaz.

#2. Curso de Amazon Ads

Descubre los trucos de oro en nuestro curso de Amazon Ads diseñado de manera especial para escritores.

#3. Enlace universal de Amazon

El enlace universal de Amazon de Editorial Letra Minúscula es un recurso gratuito que te permite dirigir cada venta a la tienda de Amazon más próxima a tus lectores. ¡Pruébalo entrando en la pestaña de recursos de nuestra web!

Servicios de marketing para escritores: no olvides esto

Los servicios de marketing para escritores no son un fin en sí mismo, sino una herramienta. La clave principal es combinar acciones simultáneas, como entrevistas, redes sociales y reseñas, para maximizar la visibilidad de tu obra. Ya sea que solo elijas enfocarte en el marketing de contenidos o que decidas salir a jugar fuerte con tu libro en diversos frentes y en multitud de plataformas de pago, tienes que promocionarlo.

¿Todavía no logras decidirte a contratar un servicio de este tipo para anunciar tu obra literaria? Pues vas a perderte todo esto:

#1. Vender más ejemplares

La meta principal de cualquier acción publicitaria es vender más. Incluso aquellas que contribuyen a mejorar tu reputación como autor, en el largo plazo se traducen en acrecentar el volumen de ventas.

#2. Posicionar tu marca de escritor

El posicionamiento de un escritor es el sitio que ese autor ocupa en la mente de los lectores. Por ejemplo, tu escritor favorito tiene la mejor posición en tu opinión personal. Cuando hablamos de autores independientes, los resultados de las búsquedas en internet son en gran medida los que la definen. Así, cuanto más arriba aparezca tu nombre en Google, más probabilidades tendrás de concretar ventas.

#3. Prueba social de autor

La prueba social es el reconocimiento del público sobre tus capacidades como auténtico escritor. Cualquier autor reconocido tiene prueba social en la medida en que los lectores le reconocen esa capacidad, les guste o no lo que escribe. Las acciones de marketing diversas y sostenidas en el tiempo contribuyen a darte prueba social frente a audiencias enormes.

Cómo elegir palabras clave efectivas para escritores de ficción

Las palabras clave para escritores de ficción son los términos de búsqueda que mejor describen el contenido de una obra de ficción literaria y ayudan a clasificarla en categorías relevantes para tus lectores. Así, elegir las adecuadas es la mejor manera de ganar las primeras posiciones en las búsquedas de Google y Amazon y vender muchos ejemplares. ¿Cómo elegir las mejores para novelas, relatos o poemas? ¿Pueden realmente aumentar tus ventas? Continúa leyendo y descubrirás los trucos para escogerlas.

Keywords para escritores de ficción

Las palabras clave, también llamadas *keywords*, son un conjunto de términos específicos que sirven para definir las características de tu libro e informarlas de manera correcta a los buscadores. Google, Amazon, YouTube y todas las plataformas de internet clasifican la información que almacenan a través de ellas. Esto quiere decir que, si no las utilizas o las empleas de manera incorrecta, a los buscadores les resultará difícil identificar de qué habla tu texto.

Los *hashtags* son palabras clave precedidas por el signo #. Las habrás visto en Facebook, Instagram, TikTok y otras redes sociales. Utilizar las mejores en estas plataformas te acerca a tu audiencia y muestra tus contenidos a usuarios de verdad interesados en lo que escribes. Etiquetar de forma correcta los contenidos literarios es un requisito indispensable para todos aquellos autores que aspiran al éxito editorial.

La principal función de las palabras clave es describir un contenido. Por ejemplo, una novela histórica sobre Julio César podría incluir las siguientes: «historia antigua», «Roma clásica», «Julio César» y «ficción histórica». Lo mismo es válido para los contenidos que publiques en redes sociales para difundir tu trabajo literario.

Cómo elegir palabras clave para novelas, relatos y poesía

La novela, al igual que todos los nichos literarios, tiene multitud de subgéneros. Por ejemplo, «novela de misterio para adolescentes latinoamericanos» es una buena serie de palabras clave para definir una obra de ficción que se ajuste a esas características.

Muchos subgéneros pueden atribuirse a los relatos o cuentos. Hay relatos de fantasía, románticos, surrealistas y de muchas otras clases. También los hay para públicos de todas las edades. Esas características deben reflejarse en las palabras clave que elijas para tu libro de relatos.

Poesía lírica, poesía épica, poesía para niños en edad escolar, poesía sobre la naturaleza o sobre el viaje interior… Existen miles de maneras de clasificar las obras poéticas a través de palabras clave que describan su contenido.

Palabras clave para obras de ficción: guía paso a paso

Ahora vemos un breve tutorial que sin dudas te ayudará a elegir palabras clave optimizadas para que tu obra de ficción consiga máxima visibilidad y obtenga buenas ventas.

#1. Lluvia de ideas

Comienza a explorar tu nicho literario haciendo una lluvia de ideas. De esa manera descubrirás las palabras clave para escritores de ficción que mejor describen tu libro. Algunas, como «novela», «poemario» o «libro de relatos», son las opciones básicas, pero no las únicas. Otras, como «ensayo poético», «ficción histórica» o «cuentos cortos», podrían describir tu obra. La lluvia de ideas te permitirá definir los primeros rasgos de tu nicho literario.

#2. Período de tiempo

Esta clasificación es imprescindible en las obras literarias históricas. Si escribiste un texto ambientado en la Edad Media o en la Antigüedad, debes mencionarlo de manera explícita en tus palabras clave. Lo mismo puede decirse sobre textos literarios que hablan acerca de sucesos recientes o están ambientados en el futuro.

#3. Tipos de personajes

Los personajes son otra fuente principal de palabras clave. Si el protagonista de tu obra es un famoso estafador, un político reconocido o un oficinista de un país cualquiera, mencionarlo en las palabras clave hará que más lectores interesados en esos personajes conozcan tu libro.

#4. Tema y trama de un libro de ficción

El tema es fundamental para elegir palabras clave. Por ejemplo: amor, esperanza, la lucha entre el bien y el mal, o la superación de desafíos cotidianos.

#5. Estilo y tono

El estilo y el tono literario de una obra de ficción representan la manera especial que tiene el autor para contar la historia. El estilo puede ser minimalista o grandilocuente, mientras que el tono puede ser humorístico o serio... Las opciones son infinitas. Esos rasgos de tu obra de ficción deben estar reflejados en las palabras clave que elijas para describirla.

#6. Conocer a tu público

El público objetivo es otra característica fundamental para tener en cuenta a la hora de elegir las palabras clave de tu obra de ficción. ¿A quién está dirigido tu libro? Aprende a descubrir a tu lector ideal en este artículo.

#7. Palabras clave para escritores de ficción en Amazon

Amazon KDP, la mayor plataforma de autopublicación del mundo, te da la posibilidad de introducir una serie de palabras clave especiales que describen tu libro y lo clasifican en su motor de búsqueda. Puedes aprender más sobre ellas en la página de ayuda de la plataforma.

Usar palabras clave en el título y el subtítulo

El título y el subtítulo de una obra de ficción son los lugares privilegiados para introducir palabras clave de manera estratégica. ¿Qué significa esto? Pues quiere decir que, si estas aparecen en el título o el subtítulo de tu obra, los usuarios que introduzcan esos criterios de búsqueda tendrán más probabilidades de encontrarla.

Describe el contenido de tu obra

Como hemos visto hasta aquí, las palabras clave más usadas por autores de ficción hacen referencia directa al contenido de sus libros. Muchos escritores se niegan a utilizarlas porque las consideran un truco, una manera tramposa de dirigir a los lectores hacia su libro. Este es un error gravísimo que impide a muchas obras literarias despegar y obtener la cantidad de ventas que merecen.

Las palabras clave para clasificar contenidos literarios se utilizan desde hace muchísimo tiempo. Han demostrado ser prácticas y convenientes, y sirven para ahorrar tiempo y mejorar el acceso de los lectores a las obras de su interés. Las bibliotecas, por ejemplo, emplean desde hace años sistemas basados en categorías y palabras clave representadas por números. Estos sistemas permiten organizar el acceso y la búsqueda de los contenidos preferidos por el usuario.

Segmentar la audiencia implica clasificar al público según sus intereses, lo que aumenta las posibilidades de conectar con lectores específicos. Negar eso sería un contrasentido. Así, conocer en detalle a quién está dirigida tu obra de ficción te permite refinar la audiencia y multiplicar el número de lectores de verdad interesados en lo que tú escribes.

Imagina una novela llamada *El reflejo de los sueños: una historia de misterio en un mundo imaginario*. Las palabras clave para este libro podrían ser «ficción», «novela», «misterio», «imaginación», «desenlace impactante», «suspense», «adolescentes», etc.

Cómo elegir palabras clave efectivas para libros de no ficción

Las palabras clave para escritores de no ficción te permiten clasificar el contenido de tu libro y organizar el mensaje de manera eficaz. Elegir las correctas para tu libro te ayuda a conectar con tu audiencia y aumentar su interés. Al utilizarlas en tu obra de no ficción, asumes una actitud proactiva y tomas la iniciativa en una comunicación eficaz con el lector.

¿Qué son las palabras clave para libros de no ficción y cómo pueden aumentar la visibilidad de tu obra? ¿Es cierto que Amazon prioriza los libros con palabras clave bien optimizadas? Continúa leyendo y conocerás todo lo que debes saber sobre ellas, cómo elegirlas y de qué manera utilizarlas en tu provecho.

Palabras clave

Al hablar de géneros literarios, la primera gran clasificación que emerge es aquella que divide ficción y no ficción. En líneas generales, la ficción literaria abarca todos aquellos libros basados en historias imaginarias. Autores clásicos, como Robert Louis Stevenson, Arthur

Conan Doyle o Jules Verne, son algunos de los primeros que vienen a nuestra mente al pensar en ella. Por su parte, la no ficción es aquella producción narrativa anclada a la realidad, con un fuerte componente didáctico. *Piense y hágase rico*, *Marketing para escritores* o *Cómo ganar amigos e influir sobre las personas* son buenos ejemplos de este tipo de escritura.

Las palabras clave para escritores de no ficción son aquellos términos que definen lo esencial de una obra de ese género. Dicho de otra manera, sintetizan las características básicas del contenido: cuál es el problema de la realidad que se busca resolver, qué promesa de valor se plantea para solucionarlo y quiénes son los principales beneficiarios de estas soluciones.

A decir verdad, no existen palabras clave para escritores de no ficción que sean mejores o peores por sí mismas: algunas, que podrían ser adecuadas para vender un libro, podrían no funcionar tan bien en la venta de otros. Además, si por definición sintetizan lo básico del contenido de un libro, es esperable que exista una gran variedad de ellas, dada la enorme cantidad de obras de no ficción existentes. Sin embargo, hay algunas palabras clave que son útiles para describir cientos o miles de libros de no ficción, incluso aquellos de los contenidos más diversos.

Los libros de autoconocimiento se encuentran entre los más populares de la no ficción. Obras sobre crecimiento personal, inteligencia emocional y sanación destacan en los primeros puestos. Los nombres de cada uno de esos nichos determinan palabras clave principales. Términos como «tutorial», «guía paso a paso» y «manual para principiantes» son palabras clave típicas de libros que enseñan a hacer cosas.

El ser humano siempre ha tenido interés en conocer el pasado. Por eso en la actualidad, igual que en tiempos antiguos, las obras de no ficción que repasan la historia están entre las favoritas del público. Las palabras clave principales en libros de no ficción histórica suelen hacer referencia al período concreto sobre el que trata la obra: «Antigüedad clásica», «Edad Media», «Prehistoria» o «Segunda Guerra Mundial» son términos que definen momentos específicos de nuestro pasado y, a la vez, nichos literarios puntuales.

Ahora veremos la estructura que subyace al buen planteamiento de palabras clave para un libro de no ficción. Desentrañaremos los aspectos principales en que se basan los términos de búsqueda que apuntan a libros de este género.

#1. Puntos de dolor

Los puntos de dolor tienen que ver con la identificación de un problema. ¿Cómo vender libros? ¿Cómo ser un escritor de éxito? ¿Cómo relacionarme de manera positiva con mi audiencia? Las palabras clave relativas a puntos de dolor son habituales en las descripciones de libros de no ficción porque el lector empatiza con ellas de inmediato, se siente identificado.

#2. Resultados deseados

Los resultados deseados son las soluciones propuestas para los puntos de dolor. Por ejemplo, si el problema es un desorden alimenticio, el resultado deseado podría ser lograr un cuerpo más saludable mediante una dieta. Estos tipos de palabras clave suelen aparecer en el título o el subtítulo del libro.

#3. Amplificadores emocionales

Un amplificador emocional es un catalizador de la acción, una palabra que nos predispone a comprar el libro porque reafirma la promesa de valor del resultado deseado. Palabras como «gratis», «rápido» y «fácil» hacen que algo bueno parezca mejor todavía y llaman al lector a la acción.

#4. Demografía

La demografía es la segmentación de la audiencia. Un libro no puede ser «para todo público», aunque lo parezca. Siempre existe un lector ideal, un público objetivo que abarca a aquellas personas que más pueden beneficiarse con el mensaje de la obra. Por ejemplo, un libro titulado *Finanzas para millennials* segmenta su audiencia de manera clara: adultos jóvenes interesados en mejorar su economía.

Ejemplo práctico: palabras clave en títulos de no ficción

Analicemos mi libro *Éxito editorial: guía práctica para escritores*. Tanto el título como el subtítulo están compuestos por palabras clave: «éxito editorial» es el resultado deseado, «guía práctica» define un subnicho de no ficción y menciona un amplificador emocional, en tanto que «para escritores» constituye una referencia demográfica directa.

Como habrás visto, las palabras clave son indicaciones explícitas sobre el contenido de tu obra, términos que permiten llevar más lectores a la página de venta de tu libro o a contenidos relacionados con él. No usarlas de manera estratégica puede limitar drásticamente la visibilidad de tu libro y, en consecuencia, sus ventas; son un factor determinante en la exposición de una obra de no ficción y en su ubicación en los resultados de búsqueda.

Cómo elegir palabras clave para libros de no ficción

Si quieres elegir las mejores palabras clave para tu libro de no ficción, comienza por identificar de manera detallada el nicho al que pertenece. ¿Es una obra de autoayuda para adolescentes? ¿Es un manual para usuarios de Amazon? ¿Es una crónica histórica sobre España en el Renacimiento?

En algunos nichos literarios, la promesa de valor o el público objetivo aparecen en el título de la obra con más frecuencia. Por ejemplo, un libro sobre dietas apunta de manera explícita a mejorar la salud, en tanto que un manual de ortografía para niños menciona al público objetivo. Realiza una lluvia de ideas y apunta todas las palabras clave potenciales de tu obra de no ficción. Después elige las mejores y organízalas en una o dos oraciones breves.

Grupos de escritores

Los grupos de escritores son comunidades en las que los autores comparten ideas, experiencias y proyectos literarios. Permiten establecer conexiones valiosas y construir una comunidad reunida en torno a un interés común: la escritura creativa. Pueden ayudarte muchísimo en tu carrera literaria y son una oportunidad de oro para aprender de autores más experimentados y difundir tu propio trabajo literario.

¿Quieres unirte a grupos que estimulen tu creatividad y te ayuden a alcanzar el éxito editorial? Sigue leyendo para descubrir cómo encontrar y participar en las mejores comunidades de escritores. Hallarás las respuestas a estas y a otras preguntas habituales en el mundo literario.

¿Qué son los grupos de escritores y cómo funcionan?

Los grupos de escritores son comunidades de autores reunidos por intereses en común; pueden basarse en un nicho o un género literario particular. Por ejemplo, existen grupos de escritores de novela romántica, de obras de misterio y de libros de autoayuda.

Algunos de estos grupos se forman porque todos los participantes utilizan una plataforma de autopublicación común. Escritores Amazon (el grupo de Editorial Letra Minúscula), por ejemplo, reúne a autores de todo el mundo y de todos los géneros literarios que publican sus obras en Amazon KDP o desean hacerlo. Por si no lo sabías, el sistema de autopublicación de Amazon es una de las herramientas más eficaces para que autores independientes generen ingresos constantes.

Existe el rumor de que los escritores son gente ermitaña, que pasan su vida escribiendo recluidos en un estudio solitario. Aunque algunos prefieren la tranquilidad de la soledad, la mayoría son sociables y disfrutan compartiendo sus producciones.

Cada grupo de escritores es además un grupo de lectores, ya que todo autor es también lector, un consumidor de libros y un crítico literario en potencia. Así, estos grupos están enfocados en la perspectiva de quienes producen textos, pero también están abiertos a lectores.

Beneficios clave de unirte a un grupo de escritores

Estar en grupos de escritores es una manera fácil y práctica para difundir tu trabajo literario y resolver tus dudas sobre el mercado editorial. Algunas de las ventajas más importantes de participar en ellos son las siguientes:

#1. Acceder a información de calidad

Nadie conoce el oficio de escribir mejor que los escritores. Un autor experimentado dispuesto a compartir sus conocimientos y su experiencia es un aliado invaluable para hacer despegar tu carrera literaria. Los grupos de escritores están llenos de profesionales listos para enseñarte de manera desinteresada y brindarte la ayuda que necesitas para hacer despegar tu carrera.

#2. Darte a conocer

En un grupo de escritores, puedes empezar a obtener el reconocimiento que mereces como autor. Si eres un miembro productivo de la comunidad, si compartes tus trabajos y dialogas con tus pares, tarde o temprano serás reconocido y comenzarás a afianzar tu marca de autor.

#3. Vender libros

Los grupos para escritores no suelen crearse con una función comercial, es decir, no están pensados solo para vender. Sin embargo, ten la seguridad de que participar en ellos es una forma genial de despertar el interés sobre tu trabajo como autor y estimular a las personas a comprar tus obras.

Dónde encontrar grupos de escritores

Los grupos de escritores están en todos los países, en grandes ciudades y en comunidades más pequeñas. Realiza una búsqueda en Google para descubrirlos. Algunos de ellos se encuentran de manera presencial, en un centro cultural, en un club o en una institución educativa. También hay otros que tienen sus encuentros por internet, usando comunidades de Facebook o aplicaciones de videollamada como Google Meet o Zoom.

Facebook es una de las redes sociales con mayor cantidad de usuarios en el mundo entero. Los grupos de autores se cuentan por miles y seguro encontrarás al menos uno que sea perfecto para ti. Crear un grupo literario en Facebook es tan fácil como elegir un nombre y una imagen de portada. Comparte tu pasión por la escritura con colegas de todo el mundo.

Además de los grupos para escritores, existen otros espacios de encuentro literario elegidos por gran cantidad de autores. Una opción clásica es la de los blogs, páginas de internet como esta que se actualizan todas las semanas con artículos sobre escritura, lectura y publicación de libros. Algunas de las plataformas de foros más populares son Reddit y Quora. En ellas puedes encontrar el grupo de escritores que necesitas para darle proyección a tu trabajo literario. También puedes crear tu propio grupo, blog o foro de escritores estableciendo tus propias reglas e invitando a lectores y autores que conozcas.

Listas de correo de escritores

Otra opción genial para crear comunidad y conectar con los actores del mundo del libro son las listas de correo, es decir, suscripciones que te permiten recibir noticias relevantes sobre él. Tutoriales de autopublicación, consejos para crear buenos personajes y guías para escribir el primer capítulo de tu libro son solo algunos de los contenidos a los que tendrás acceso suscribiéndote a nuestra lista de correo para escritores.

Grupos literarios

Hablar de grupos literarios implica una visión amplia. Los grupos de autores están orientados a personas que escriben, a creadores de contenido literario de diversos géneros. Los grupos literarios, en cambio, reciben toda clase de participantes: lectores ocasionales o «de fin de semana», lectores habituales, fanáticos de un género literario o de un autor en particular, escritores principiantes o aficionados, autores profesionales, simples curiosos, etc.

En el mundo existen más de quinientos millones de hablantes de español. En semejante cantidad de personas, los autores se cuentan por cientos de miles. Internet nos permite conectar con esos escritores que se comunican en nuestro mismo idioma y descubrir nuevos horizontes literarios.

España es uno de los países líderes en el mercado editorial de habla hispana. Los españoles tienen una larga tradición literaria y han dado al mundo muchos de los más brillantes exponentes del arte literario. Si estás buscando un grupo de autores con personalidad jurídica, puedes consultar información sobre la Asociación Colegial de Escritores de España, que es uno de los principales referentes en la defensa de los derechos y los intereses de los escritores españoles. Anímate a buscar colegas españoles y forma tu propio grupo literario en España para compartir experiencias. ¡No te arrepentirás!

Estos grupos también son numerosos en América Latina, y resulta lógico si pensamos que el 90 % de las personas que escriben en español como lengua nativa reside en esa parte del globo. Grupos de escritores en México, en Colombia, en Uruguay, en Chile, en Perú y en muchos otros países latinoamericanos están esperándote con los brazos abiertos.

Cómo afrontar y aprovechar las críticas negativas de tu libro

Las críticas negativas de un libro pueden ser un auténtico dolor de cabeza para los escritores. No importa si eres un autor consagrado o si estás comenzando: recibirlas puede afectarte, especialmente en el aspecto emocional. Como escritores, todos somos susceptibles de recibir críticas negativas sobre lo que escribimos y, en algunos casos, no somos capaces de procesarlas y obtener provecho de ellas.

Tienes que saber esto de inmediato: cualquier tipo de crítica sobre tu trabajo como autor tiene un potencial enorme para hacerte progresar en el camino hacia el éxito literario. Continúa leyendo y descubrirás un punto de vista práctico y realista para enfrentar las críticas negativas de tu libro y usarlas a tu favor.

Críticas negativas de un libro

Cuando las personas critican un libro, en la mayoría de los casos lo hacen de forma sincera. Es cierto que existen algunos lectores que son eternos inconformistas, que critican por criticar y lanzan opiniones lapidarias sobre cualquier libro. Si una obra se vende bien, los críticos de este tipo surgen tarde o temprano y nada puede hacerse con ellos, salvo ignorarlos por completo.

Una manera eficaz de saber si un libro vale la pena es buscar las opiniones en Amazon que los lectores dejaron sobre él. Si bien existen reseñas positivas de dudosa procedencia, estas son pocas, tal como ocurre con las opiniones negativas sin fundamento. Amazon fomenta las reseñas de los compradores, lo que mejora la visibilidad de los productos, incluidos los libros. De este modo, la experiencia se enriquece y cada autor obtiene el reconocimiento merecido.

En Amazon tu obra obtiene una exposición inmensa y llega a muchas personas interesadas en el tema sobre el que tú escribes. En un universo de lectores tan grande como este, es lógico pensar que algunos de ellos lanzarán críticas negativas pero sinceras sobre tu obra. Esto no es motivo para retirar tus libros ni dejar de escribir. ¡Todo lo contrario!

Cómo las opiniones afectan el éxito de tu libro

Estamos en la era de la información, en la que las opiniones sobre libros (y sobre cualquier otro tema) son más abundantes que nunca. En vez de tratar de nadar contra la corriente, lo mejor es detenerse a analizar en detalle qué clase de críticas recibe nuestro trabajo literario y tomar una actitud proactiva para mejorar. Obtener críticas para un libro es fácil si acudimos al sitio indicado. Un informe de lectura profesional, por ejemplo, podría señalar los aciertos y los fallos de tu texto de manera objetiva y desapasionada.

Como podrás ver, las críticas negativas o positivas sobre un libro ya no son asunto exclusivo de críticos literarios famosos y venerados. Ahora están en multitud de sitios como blogs, canales de YouTube, tiendas y otros soportes digitales que cualquiera puede consultar de manera rápida.

Las críticas negativas en Amazon afectan la calificación global de tu libro. Cada comprador puede poner una calificación de 1 a 5 y todas las puntuaciones se promedian hasta el primer decimal. Por ejemplo, si el promedio de las puntuaciones arroja esa cifra, tu libro puede obtener 4,2 puntos.

Para recibir críticas positivas, la condición indispensable es escribir un buen libro. Esto no quiere decir que hacer un libro de calidad sea suficiente, pero, sin ello, conseguir críticas positivas es solo obra de la casualidad o la buena voluntad de tus conocidos.

Crítica, reseña y comentario literario

Todos estos términos, que aquí usamos como sinónimos, tienen matices importantes. La crítica suele ser un texto escrito por profesionales con hondos conocimientos en literatura y experiencia como autores. Las reseñas pueden publicarse en medios especializados y suelen destacar aspectos positivos y negativos. Los comentarios literarios pueden ser informales, de persona a persona, o en redes sociales. También existen algunos medios que dan este nombre a reseñas y críticas.

Pasos para manejar las críticas negativas de tu libro

Ahora vamos a ver una guía paso a paso que te permitirá superar la difícil situación que se genera cuando recibes críticas negativas por tu libro.

#1. Buscar críticas positivas

Si la crítica negativa es agresiva, puedes reportarla donde corresponda. Sin embargo, en la mayoría de los casos, no hay nada que puedas hacer para eliminarla, salvo conseguir críticas positivas que la contrarresten.

#2. Seleccionar críticos

Una vez que has decidido buscar críticas para tu libro, elige de dónde vas a obtenerlas. ¿Buscarás un servicio de marketing para escritores que te provea reseñas en medios y redes? ¿Vas a contratar un informe de lectura? ¿Tienes algún crítico en mente y deseas comunicarte con él?

#3. Formular preguntas específicas

Este es un detalle que muchos autores pasan por alto, cuando en realidad deberían enfocarse en él. Lo ideal es poder señalarle al crítico cuáles son los aspectos de tu libro sobre los que sientes mayor inseguridad y pedirle una opinión sincera sobre ellos. Por ejemplo, puedes solicitar una crítica sobre tu manera de crear diálogos, de presentar personajes o de hacer descripciones, por poner solo algunos ejemplos.

#4. Preparar nuestras emociones para las críticas

Es un error pedir críticas y esperar elogios. Una demasiado condescendiente no aporta nada; al contrario, hace invisibles para ti tus errores como autor. Espera las críticas de manera realista, sabiendo que las opiniones de personas que no piensan como tú son las mejores.

#5. Escuchar críticas de manera activa

El valor de las críticas es inmenso, si sabes apreciarlo. Analiza en detalle todas las que reciba tu obra, intenta ubicar en el texto aquello que tus críticos señalan y obsérvalo desde su punto de vista.

#6. Separar el yo del trabajo

Este es un consejo valioso en muchos ámbitos. ¡No te tomes las críticas de manera personal! Cuando alguien dice que no le gustaron tus rimas, que tu novela es demasiado larga o que tus relatos aburren, nada de ello va dirigido a tu persona. Muchos artistas comparten profundas amistades, aunque, a la hora de intercambiar críticas, no realizan concesiones, son objetivos y sinceros.

#7. Agradecer la retroalimentación

Recibir *feedback* por nuestro trabajo literario es una oportunidad genial para mejorar. Dales la bienvenida a las críticas, son riqueza para ti porque pueden indicarte los puntos en los que fallas sin darte cuenta.

#8. Analizar y priorizar críticas

No subestimes ninguna crítica. Analízalas todas en conjunto y una a una. Puedes emplear herramientas de inteligencia artificial que te permitan identificar lugares comunes en ellas. Por ejemplo, si muchas personas mencionan que podrías mejorar tu manera de utilizar adjetivos, usar la IA podría ayudarte a reunir todas las críticas en ese sentido y descubrir cuál es el defecto que perciben tus lectores para corregirlo.

#9. Implementar cambios sugeridos

Una vez que identifiques los principales errores que te señalan en las críticas de tu libro, procede a resolverlos. Quizás algunos de ellos no te parecen desaciertos y tienes motivos para no cambiar el texto. Pero seguro habrá muchos otros casos en los que una buena crítica te ayude a abrir los ojos sobre lo que puede mejorarse. No olvides que en Amazon KDP puedes editar y volver a subir el contenido de tu libro cuantas veces lo necesites.

Recuerda: cada crítica es una oportunidad para crecer. Analiza el *feedback*, mejora tu obra y continúa escribiendo. ¡El éxito literario está en la perseverancia!

Cómo ganar el Premio Nobel de Literatura

¿Te preguntaste alguna vez cómo ganar el Premio Nobel de Literatura? Todos los escritores han fantaseado alguna vez con obtener este prestigioso galardón. Pero, si te dijéramos que hay algunos trucos que podrían conducirte a ganar el premio literario más codiciado del mundo, ¿creerías que eso es posible? En este apartado analizaremos las tendencias y secretos detrás de él. También repasaremos los nombres de algunos de los ganadores más emblemáticos y de aquellos autores que no lo ganaron, aunque tal vez deberían haberlo recibido.

¿Qué se necesita para ganar el Premio Nobel de Literatura? ¿Qué escritores jamás podrán obtenerlo, hagan lo que hagan? Continúa leyendo y conocerás lo que se esconde tras el telón de este polémico premio.

El Premio Nobel de Literatura: historia y proceso de selección

El Premio Nobel de Literatura es una condecoración otorgada por la Academia Sueca siguiendo el testamento del filántropo Alfred Nobel, quien estipuló que el premio debía ser entregado «a quien hubiera producido en el campo de la literatura la obra más destacada, en la dirección ideal». El ganador del premio se anuncia el primer jueves de octubre de cada año.

La Academia Sueca envía invitaciones de manera activa para recibir postulantes al premio. Las propuestas llegan desde otras academias, sociedades de literatos, profesores universitarios y una gran variedad de instituciones relacionadas con la literatura. A partir de esas postulaciones, se hace una selección de candidatos, que vuelven a ser filtrados hasta obtenerse una lista corta de solo cinco postulantes. Después se evalúan las obras de estos, se vota y se anuncia al ganador.

¿Cuándo se entregó el primer Premio Nobel de Literatura? Fue en el año 1901. Lo recibió Sully Prudhomme, francés. La Academia Sueca fundamentó su elección «en reconocimiento especial a su composición poética, lo cual da pruebas de un elevado idealismo, una perfección artística y una rara combinación de las cualidades tanto del corazón como del intelecto».

Requisitos para ganar el Premio Nobel de Literatura

Ahora intentaremos establecer un patrón que nos permita conocer cuáles son las condiciones necesarias (aunque no suficientes) para obtener el premio literario más ansiado del mundo.

Categoría 1: Logros literarios

#1. Tener una larga trayectoria y edad avanzada

Este requisito es una cuestión lógica y estadística. Los Premios Nobel no se entregan en reconocimiento por tal o cual libro, sino por una trayectoria entera. Y, para tener una larga trayectoria, hay que vivir muchos años. En consecuencia, no resulta sorprendente ver que la edad promedio de los ganadores ronda los 65 años. La persona más joven en ganar el Premio Nobel de Literatura es Rudyard Kipling, quien recibió el galardón en 1907 a los 42 años.

#2. Escribir para las elites

Si eres un autor muy leído y tus libros alcanzan grandes ventas, es poco probable que obtengas un Nobel. Esto puede parecer contradictorio, pero no lo es si consideramos que lo otorga una academia que se apoya en las recomendaciones de otras academias, de galardonados anteriores y de un grupo muy exclusivo de personas vinculadas a la cultura.

Categoría 2: Influencia social y académica

#3. Involucrarse en el *lobby* literario

Esto no es fácil de hacer ni es accesible para todo el mundo. Sin embargo, es importantísimo. Quizás no sea conveniente intervenir de manera directa en los grupos de presión, aunque sin duda necesitarás tener los avales de personas influyentes si quieres obtener un Nobel.

#4. Acercarse a lo más selecto del pensamiento

Esta es una de las mejores maneras de cumplir el paso anterior. Estudiar y graduarte en las universidades más prestigiosas del mundo te permite hacerte conocido en círculos selectos. Codearte con la nobleza y con gobernantes de países importantes te allanará el camino. Como verás, ganarse un Nobel es casi imposible para la inmensa mayoría de las personas.

Categoría 3: Circunstancias externas

#5. No ser un autor «de género»

El Premio Nobel de Literatura es elitista, jamás premiaría a un autor popular en un género determinado. Por poner solo algunos ejemplos, Stephen King y Paulo Coelho han vendido millones y millones de ejemplares de libros de terror y de autoconocimiento y no han recibido ni una sola nominación al Nobel en toda su carrera.

#6. Ser constante

Después de condiciones tales como buscar el favor de los nobles y los poderosos, ser constante en tu escritura podría parecer un requisito menor. Pues no lo es porque, si consigues ganarte un lugar en una fraternidad de Harvard, por ejemplo, pero tu escritura es descuidada y errática, tus probabilidades de causar una buena impresión literaria disminuirán. Escribe y revísalo hasta en el más mínimo detalle.

#7. Tener muchísima suerte

Este paso es, en realidad, el primero y el más determinante. Sin una buena cuota de suerte, es imposible conseguir un Nobel de Literatura, incluso si eres uno de los mejores escritores del mundo. Nuestro planeta alberga millones de autores y cada año se elige uno y solo un ganador de este premio. Así, las probabilidades de obtenerlo se parecen bastante a las de ganar la lotería, salvo por un detalle: no todos pueden comprar un billete.

Quiénes ganaron el Premio Nobel de Literatura

Algunos de los más famosos ganadores del Premio Nobel de Literatura son los siguientes:

#1. Winston Churchill (Reino Unido, 1953)

Más allá de su vida política, Churchill es famoso por sus discursos llenos de inspiración y sus obras literarias, entre ellas, *Una historia de los pueblos de habla inglesa*.

#2. William Faulkner (Estados Unidos, 1949)

Es autor de *El ruido y la furia* y *Mientras agonizo*. Es una figura clave del modernismo literario.

#3. Ernest Hemingway (Estados Unidos, 1954)

Famoso sobre todo por sus libros *El viejo y el mar* y *Por quién doblan las campanas*, donde explora la naturaleza humana en tiempos de crisis.

#4. Albert Camus (Francia, 1957)

Escribió *El extranjero* y *La peste*, entre muchas otras obras. Es un exponente del existencialismo y del absurdo.

#5. Pablo Neruda (Chile, 1971)

Neruda destaca por su poesía, con obras como *Veinte poemas de amor y una canción desesperada* y Canto general.

#6. Gabriel García Márquez (Colombia, 1982)

Maestro del realismo mágico, famoso por *Cien años de soledad* y *El amor en los tiempos del cólera*. Creador de un potente universo literario.

#7. Wole Soyinka (Nigeria, 1986)

Fue el primer africano en ganar un Premio Nobel de Literatura. Es conocido por las obras *Una danza de los bosques* y *La muerte y el caballero del rey*, entre otras.

#8. Toni Morrison (Estados Unidos, 1993)

Es autora de *Beloved* y *Ojos azules*. Se la considera una voz indispensable en la literatura afroamericana.

#9. Bob Dylan (Estados Unidos, 2016)

El cantautor Bob Dylan es reconocido por sus composiciones líricas, como «Blowin' in the Wind» y «Like a Rolling Stone».

#10. Jon Fosse (Noruega, 2023)

Este destacado dramaturgo y novelista se caracteriza por tener un estilo minimalista. Escribió *Melancolía* y *Ales junto a la hoguera*, entre otros libros.

Los que más llaman la atención en la lista anterior son Churchill y Dylan. En cuanto al primero, no pocas voces se alzaron para señalar el carácter político del reconocimiento, puesto que Churchill se desempeñó como primer ministro del Reino Unido durante la Segunda Guerra Mundial. Sobre Dylan se dijo que no es un escritor en el sentido tradicional del término, sino un músico representativo de la canción de protesta, género en franca decadencia al momento de entregársele el galardón (año 2016).

Autores que nunca ganaron el Premio Nobel de Literatura

Además de los autores que ganaron un Nobel calificado como inmerecido por muchos críticos, están aquellos que jamás lo obtuvieron, aunque hicieron todos los méritos para ello.

#1. James Joyce

Este escritor irlandés, famoso por *Ulises* y muchos otros libros, no solo no ganó el Nobel: ni siquiera se consideró su nominación.

#2. Jorge Luis Borges

La candidatura de Borges se mantuvo por unos treinta años, pero jamás se le concedió el premio. Existe consenso acerca de las motivaciones políticas para negárselo.

#3. Virginia Woolf

La influencia de Woolf en la literatura modernista es incuestionable. Sin embargo, la autora jamás llegó a ser nominada para obtener el ansiado premio.

Cómo ganar el Premio Nobel de Literatura: recuerda esto

¿Sueñas con ganarte el Nobel por tu carrera literaria? Enfócate en lo siguiente:

#1. Escritura extraordinaria

No ganarás el Nobel si eres un mal escritor. Debes estar por encima del promedio, con gran diferencia.

#2. Rodéate de gente importante

Forma parte de círculos académicos y sociales de los más selectos. Sin avales de personas influyentes, es imposible ganar un Nobel.

#3. Dirige tu mensaje a las elites

No apuntes al gran público, deja de lado lo popular o prepárate a esperar décadas y décadas hasta que pase de moda y se convierta en pieza de museo. Entonces tendrás una oportunidad.

Si bien ganar el Premio Nobel de Literatura parece una meta inalcanzable para la mayoría, lo importante es que cada palabra escrita sea un paso hacia tu propio éxito. Quién sabe, quizá un día tu nombre esté en esa lista.

Cómo ganar premios literarios

Ganar un premio literario puede ser un gran paso para destacar como escritor y obtener reconocimiento en el mundo literario. Aunque muchos sueñan con hacerse ricos ganándolos, lograrlo requiere estrategia y esfuerzo. ¿Cómo destacar en concursos literarios y cautivar al jurado? Aquí encontrarás estrategias para preparar tu obra y competir con éxito. Sigue leyendo y descubrirás los beneficios reales que tienen los premios en literatura y cómo preparar tu texto para aumentar tus probabilidades de ganar.

Cómo se gana un premio literario

Ganar un premio literario es el resultado de varios factores importantes. Lo principal es tener un buen texto para presentar —aunque no seas un autor reconocido aún—, que puede estar escrito de antemano o crearse de manera deliberada para presentar en el concurso. En ambos casos es fundamental que consultes sus bases y condiciones y las sigas al pie de la letra. Te sorprenderá saber que la mayoría de los textos rechazados en los certámenes literarios podrían haber tenido una oportunidad de ganar si el autor hubiera respetado los términos prestablecidos, como cantidad de texto, temática solicitada, género literario, etc.

¿Los premios literarios son de verdad importantes?

Antes de hablar de los beneficios concretos de obtener premios literarios, conviene responder una pregunta que quizás te hayas hecho: ¿es importante ganarlos? La respuesta depende de cada escritor, sus metas y sus expectativas. Si tu deseo como autor es hacerte conocido en un círculo literario en particular, ganar un concurso de literatura relacionado con él sería una buena opción. Por ejemplo, si quieres obtener reconocimiento como ensayista en el ámbito universitario, ganar premios literarios en las universidades y en instituciones vinculadas sería lo ideal. No obstante, la mayoría de los autores no piensan su carrera literaria de una manera tan pragmática ni dan tanta importancia a los premios.

¿Qué es un premio literario y por qué es importante?

Para saber si te conviene o no competir en un certamen literario, primero hay que conocer qué es en verdad un premio literario. Se trata de reconocimientos otorgados por actores prestigiosos del mundo editorial. El galardón puede ser solo una ceremonia en la que te entregan un diploma y te felicitan ante un auditorio repleto. En otros casos, el premio incluye dinero, contratos editoriales y beneficios codiciados por escritores de todo el mundo. Los entregados por instituciones prestigiosas suelen garantizar mayor exposición mediática y oportunidades editoriales para los ganadores.

Los concursos literarios más prestigiosos que todo escritor debe conocer

Algunas de las competencias literarias más famosas son el Premio Planeta de Novela (con la mayor dotación económica del mundo) y el Premio Alfaguara. Ganar uno de ellos presupone una exposición masiva de tu libro y un reconocimiento mundial como autor.

Si hablamos de prestigio en premios literarios, sin dudas el más relevante es el Premio Nobel de Literatura. También entran en esta selecta lista el Premio Pulitzer y el Premio Miguel de Cervantes, por solo nombrar algunos de los más conocidos. Obtener alguno de ellos te ubica en la elite de la literatura y deja tu nombre grabado en la historia de las letras.

Ventajas de ganar un premio literario

Como habrás notado, el principal beneficio de ganar un premio literario es de carácter inmaterial: nos referimos al prestigio, al reconocimiento por tu labor de escritura. Algunos concursos literarios ofrecen al ganador un contrato editorial por una importante cantidad de dinero, que suele incluir publicación, distribución y publicidad.

¿Quieres competir por un premio literario, pero no sabes cómo proceder? Ahora vemos una guía práctica para enfocarte de manera objetiva cuando te presentes en un certamen de literatura.

#1. Conocer el premio

Para ganar un premio literario, debes investigarlo y conocerlo a fondo. En el nivel más básico, se encuentran sus términos específicos. Búscalos y léelos con atención para que no te lleves sorpresas desagradables después. También es crucial revisar las actuaciones del jurado a través de los años, descubrir qué valores buscan en un texto y cuáles rechazan, quiénes han ganado antes, cómo eran sus libros… Con esa información reunida, podrías planificar un texto que se adapte a todos los requisitos de fondo y de forma. Puedes escribir algo nuevo desde cero, modificar algo que hayas escrito con anterioridad o tomar un texto ya listo.

#2. Presentar un libro adecuado

Insistir en este punto es fundamental para evitarte el trabajo en vano. Si el concurso es de novela histórica, por ejemplo, ¿por qué vas a presentar una colección de relatos de terror? Por más que tu escritura sea revolucionaria e impactante, aunque tu estilo sea genial, los miembros del jurado esperan que todos los concursantes sigan las pautas básicas del certamen y rechazan los textos que las ignoran.

#3. Corregir un libro antes de mandarlo a un concurso

Este paso puede ser la diferencia entre perder o ganar premios literarios. Hacer una corrección ortotipográfica con un corrector profesional y solicitar un informe de lectura que te ayude a sanear inconsistencias en el contenido multiplican tus probabilidades de ganar.

#4. Presentarse a varios premios literarios

Si de verdad quieres ganar un premio literario, lo más sensato es presentarte en varios concursos. En este sentido, hay un detalle importante que debes tener en cuenta: muchos de ellos tienen bases y condiciones que prohíben de manera explícita presentarse en otras competencias simultáneas. Este requisito de exclusividad suele volverse más riguroso cuando ganas el premio: no puedes publicar tu texto sin autorización de los organizadores y, a veces, ni siquiera puedes hablar sobre él ante la prensa si ellos no te lo indican. Por eso, antes de presentarte a un concurso literario, es clave evaluar la relación entre coste y beneficio en el caso de ganar.

#5. Ser constante y no desanimarse

Este consejo reúne todos los anteriores. Si ya procediste de manera metódica para presentarte en un concurso literario, pero no obtuviste reconocimiento alguno, ¡sigue participando! Ahora bien, si crees que los jurados son injustos contigo por algún motivo en especial (algo poco frecuente) o si solo deseas ver tu obra publicada sin necesidad de premios y concursos, lo mejor para ti es la autopublicación en Amazon KDP.

Cómo ganar premios literarios y vivir de la escritura

Hay autores para quienes participar en concursos de literatura es casi una forma de vida. No bien se enteran de la existencia de un premio, comienzan a trabajar en el texto que van a presentar y leen con suma atención las bases y condiciones. Los escritores con semejante determinación, tarde o temprano, logran vivir de la escritura.

Quizás te sorprenda saber que el peruano Mario Vargas Llosa es uno de los escritores más premiados del mundo. Ha ganado nada menos que los premios Nobel, Cervantes, Príncipe de Asturias, Rómulo Gallegos y Planeta. Casi nada, ¿verdad? Otros grandes ganadores de premios literarios de habla hispana son Gabriel García Márquez y Jorge Luis Borges.

Cómo ganar premios literarios: recuerda esto

Si en verdad te interesa competir por premios literarios y ganarlos, ten en cuenta lo siguiente:

#1. Cada premio literario es particular

Investiga todas las características del premio, revisa la lista de ganadores en ediciones anteriores, conoce la trayectoria de los jueces encargados de elegir al ganador. Si lo haces, multiplicas las probabilidades de presentar un texto con potencial para ganar.

#2. Importancia de los premios literarios

Los premios literarios son importantes, pero no tanto como para obsesionarse con ellos y caer en la frustración por no ganarlos. Persevera enfocándote en escribir cada vez mejor. Así, tarde o temprano, el reconocimiento llegará.

#3. Escribir para ganar un premio literario

Algunos escritores preparan libros con la única intención de presentarlos para un premio. Esto no es desacertado, como tampoco lo es recuperar un texto inédito ya creado y hacerlo competir en un concurso de literatura.

¿Quién es el mejor escritor de la historia?

Determinar quién es el mejor escritor de la historia es un debate eterno que apasiona a los amantes de la literatura. Lectores, escritores independientes y aficionados al mundo literario expresan su opinión sobre esta controversia sin llegar a ponerse de acuerdo. ¿Se puede identificar a un único escritor como el mejor de toda la historia? ¿Qué criterios se ponen en juego? ¿Es posible que el título de mejor escritor de la historia pertenezca a varios autores? Continúa leyendo y descubrirás interesantes respuestas sobre este polémico debate.

Qué significa ser el mejor escritor de la historia

Ser el mejor exponente de un determinado ámbito cultural es el sueño de muchas personas. Referentes indiscutidos del deporte, la música y el cine despiertan la admiración de multitudes y motivan fanatismos. Elegir al mejor en cualquier ámbito artístico o deportivo suele depender más de preferencias personales que de criterios objetivos. ¿Es Fangio mejor que Schumacher? ¿Eliges a Messi o a Pelé? ¿La filosofía de Sócrates supera la de Nietzsche? Es imposible dar una respuesta que satisfaga a todo el mundo.

No obstante, para elegir al mejor escritor de la historia hay una serie de criterios bastante objetivos que pueden acercarnos a una respuesta. Actualmente, uno de los más utilizados es el volumen de ventas, ya que muchos consideran que un escritor es bueno por la cantidad de ejemplares vendidos. Este examen basado en lo comercial puede resultar productivo (hasta cierto punto) para evaluar a escritores modernos y contemporáneos. Pero poco podemos saber sobre la verdadera cantidad de ejemplares «editados» por los autores clásicos griegos y romanos, por ejemplo. De hecho, la manera en que circulaban los libros en aquellos tiempos es por completo distinta a la actual.

Así, saber quién es el mejor escritor de la historia es una cuestión que necesita múltiples puntos de vista para ser definida. Lo más probable es que, incluso después de terminar de comparar autores según los parámetros elegidos, no lleguemos a una conclusión unánime. Para los hablantes de chino, el mejor escritor de la historia podría ser un autor chino, como Confucio, por ejemplo. Para los franceses, el autor más destacable podría ser Víctor Hugo...

Los mejores novelistas de la historia

La novela es el género literario más popular en la actualidad. El éxito de la novela no es reciente; se remonta a mediados del milenio pasado e incluso a épocas anteriores, como la Roma imperial, con exponentes como Apuleyo y Petronio. En este sentido, no sorprendería descubrir que la mayoría de los escritores considerados como los mejores del mundo son autores de novela. En efecto, resultaría un contrasentido decir que tal o cual escritor es el mejor de todos los tiempos si sus obras no han sido populares entre millones y millones de personas a lo largo de la historia.

La fama es un parámetro clave para tratar de identificar quién es el mejor escritor del mundo. Sin dudas, ninguna persona suscribiría que Fulano o Mengano es el mejor autor de la historia si nadie lo conoce, si la mayoría de la gente no ha escuchado su nombre siquiera una vez. Sin embargo, ser un escritor archifamoso no es garantía de ser uno bueno. En muchos casos esto suele ser por completo al revés: los que tienen mayor alcance entre las multitudes a veces deben su éxito al mensaje simplista y carente de profundidad de sus obras.

Le preguntamos a ChatGPT 4o cuál es, según su criterio, el mejor escritor de la historia. Le pedimos que respondiera solo un nombre, sin dar explicaciones ni poner excusas para no elegir solo a uno. Su respuesta fue contundente: «Cervantes». Antes de pedirle una explicación sobre su elección, decidimos repetirle la pregunta, esta vez en inglés. La respuesta inmediata fue «Shakespeare». Preguntar lo mismo en muchos idiomas distintos fue arrojando respuestas diferentes. Esto prueba que, incluso en modelos avanzados de inteligencia artificial capaces de realizar millones de operaciones en segundos, dar una única respuesta sobre quién es el mejor escritor de la historia es un asunto relativo.

Cómo saber quién es el mejor escritor de la historia

Ahora que ya tenemos una buena contextualización para encarar el interrogante que nos ocupa, vamos a profundizar en los criterios que nos permitirían responder quién es o ha sido el mejor escritor de todos los tiempos.

#1. Influencia en otros escritores

El impacto cultural que tiene un autor en la sociedad es la principal clave para intentar descubrir si es el mejor de la historia. Quizás te gusta un autor poco reconocido y tienes buenos argumentos para decir que es el mejor que ha existido. Pero, si la obra de ese escritor no ha influido para nada en su contexto social, si no ha marcado el estilo literario de cientos y cientos de autores, cualquier argumento para sostener esa posición se caerá a pedazos.

#2. Innovación literaria

La innovación estilística es un rasgo clave para descubrir escritores influyentes. Los autores más importantes de la historia han dejado una huella indeleble en la literatura, han creado movimientos estéticos y tendencias literarias que los trascienden a lo largo de los tiempos. Del lado opuesto se encuentran aquellos escritores que repiten una y otra vez las mismas recetas ya conocidas por todos.

#3. Popularidad que trasciende los siglos

Esta es otra clave fundamental para tratar de definir quién es el mejor escritor de la historia. No puede considerarse que una persona es la mejor de la historia en su campo de acción si todo el mundo la olvida en poco tiempo. Piensa en escritores como Hesíodo, cuya principal vía de transmisión fue oral por siglos. Si un autor es capaz de trascender los milenios comenzando por la difusión boca a boca de sus obras, ahí tenemos un claro indicio de excelencia universal.

#4. Cantidad de hablantes en su misma lengua

Este es uno de los aspectos más polémicos al tratar de definir quiénes son los mejores escritores de la historia. ¿Por qué siempre terminamos hablando de escritores chinos, españoles, ingleses, etc.? Lo cierto es que en el grupo selecto de los mejores solo aparecen autores que escribieron en lenguas hegemónicas, habladas por cientos y cientos de millones de personas, y no poetas, novelistas o dramaturgos de pequeñas comunidades con lenguas poco difundidas.

#5. Universo literario potente

Las obras de los mejores escritores de la historia suelen ser testimonios de su época y de la sociedad en la que les tocó vivir. Los genios de la literatura universal no se enfocaron en asuntos superfluos, sino que le pusieron palabras a un rico legado cultural compartido, a la condición humana tal como la entendieron ellos en su época. Incluso autores como Borges, que pueden parecer desconectados de su contexto inmediato, jamás podrían haber escrito lo que escribieron si hubieran dado la espalda a la cultura y al gusto literario de su época.

Los mejores escritores de la historia

Como verás, elegir a un único escritor y decir que es el mejor de la historia sin lugar a dudas no es posible. En cambio, proponemos una lista con siete de los autores más valorados de todos los tiempos.

#1. Miguel de Cervantes Saavedra

Autor del mayor monumento literario que existe en lengua española, su genial *Quijote*, y de muchas piezas teatrales magistrales y deliciosos poemas. Cervantes es considerado el padre de la novela en lengua española.

#2. William Shakespeare

El británico destaca por su profusa creación dramática. Tragedias, comedias, historias y crónicas lo ubican en un merecido podio junto con Cervantes.

#3. León Tolstói

Originario de Tula, en Rusia, Tolstói escribió colosales novelas que abarcan la historia, la crítica social y las aventuras. Es el principal referente literario en lengua eslava.

#4. Homero

Autor conjetural (¿existió de verdad?), poeta ciego, modelo de la tradición griega arcaica y clásica. Homero es considerado el autor más popular de los albores del mundo occidental.

#5. Dante Alighieri

El florentino prerrenacentista es la máxima gloria de la literatura en lengua italiana. Su *Divina comedia* es un fascinante viaje espiritual a través de los diversos círculos infernales, el purgatorio y el paraíso hacia la redención del alma humana.

#6. Publio Virgilio Marón

Modelo de Dante en muchos aspectos, Virgilio fue el poeta de elite de los primeros años del Imperio romano. Su obra maestra, *Eneida*, fue publicada por órdenes de Octavio Augusto, pese a la prohibición expresada por el autor antes de su muerte.

#7. James Joyce

Joyce es considerado un pionero absoluto en el desarrollo experimental del monólogo interior. Es definido por muchos angloparlantes como el mejor escritor de la historia.

Es imposible decidirse por un solo escritor y considerarlo el mejor de la historia. En lugar de eso, es más provechoso reconocer los aportes de cada uno de los más influyentes en su estilo y su época, enfocándose en la validez actual de sus letras.

www.ingramcontent.com/pod-product-compliance
Lightning Source LLC
LaVergne TN
LVHW091456170726
843492LV00001B/207